U0626294

春秋左傳註評測義

（第三册）

UESTCP

电子科技大学出版社

第三册目録

左氏傳測義

09

自廿七
至三十

春秋左傳註評測義卷之二十七

明吳興後學凌稚隆輯著

成公二

【經】癸酉 三年宋共公衞定公元年 春王正月。公會晉侯宋公衞侯曹伯伐鄭。○辛亥。葬衞穆公。無傳 ○二月。公至自伐鄭。無傳 ○甲子。新宮災。三日哭。無傳 書新宮明非舊有也杜預氏云宣公之廟主新入故云新宮 ○乙亥。葬宋文公。無傳 ○夏。公如晉。○鄭公子去疾帥師伐許。○公至自晉。無傳 ○秋。叔孫僑如帥師圍棘。棘汶陽田之邑今爲山東定陶縣 ○大雩。無傳以過時也 ○晉郤克衞孫良夫。伐廧咎如。廧咎如赤狄別種 廧音墻 咎音皐 ○冬。十有一月。

晉侯使荀庚來聘。此經書晉來聘之始○衛侯使孫良夫來聘。

○丙午。及荀庚盟。經書聘而遂盟之於是始○丁未。及孫良夫盟

○鄭伐許。無傳

傳三年。春。諸侯伐鄭。次于伯牛。討邲之役也。遂東侵鄭。鄭公子偃帥師禦之。使東鄙覆諸鄤。敗諸丘輿。邲役在宣十二年偃穆公子覆伏兵也伯牛鄤丘輿皆鄭地晉以偏師深入為鄭伏兵所敗覆浮去鄤音萬○愚按諸侯方從楚已卽從晉方盟鄭已卽伐鄭何其反覆無常一至是哉則以霸主不振不克自固故也夫鄭以服晉受伐晉救之而自敗于楚則鄭之服楚勢非得已也晉奚以討焉使晉誠有志于抗楚而服鄭曷若移鞍之役以拒楚楚必郤楚既郤則鄭可不戰而自服廼今兵力既盡於齊而區區摟諸侯於從楚之餘以伐鄭宜其不得志於鄭也而覇業於是乎益衰矣 皇戌如楚獻捷。王樵氏

曰晉獻齊捷於周天子猶以爲奸先王之禮況敗盟主兄弟甥舅而以爲功乃獻之於夷狄寇讐以取媚乎鄭之罪不可勝誅矣

○夏公如晉拜汶陽之田。前年晉使齊歸汶陽之田故今往晉謝之

○許恃楚而不事鄭。鄭子良伐許。子良鄭公子去疾

○附錄晉人歸楚公子穀臣與連尹襄老之尸。于楚以求知罃。於是荀首佐中軍矣。故楚人許之。邲之戰晉獲楚穀臣與襄老尸楚獲晉知罃至是晉歸穀臣襄老尸於楚以贖知罃荀首知罃父也

王送知罃曰。子其怨我乎。對曰。二國治戎。臣不才。不勝其任。以爲俘馘。執事不以釁鼓。使歸卽戮。君之惠也。臣實不才。又誰敢怨。俘虜也馘割左耳也釁鼓殺之以血塗鼓也言臣以不才故不勝任使致爲楚兵所執楚君不殺我得歸晉就戮楚君之惠也然臣實不才以至于此又敢歸怨於誰言無所怨也

王曰。

然則德我乎。對曰。二國圖其社稷而求紓其民。各懲其忿以相宥也。兩釋纍囚以成其好。二國有好。臣不與及其誰敢德。紓緩宥赦纍繫也言二國為社稷謀而求緩其民使遂其生故各懲戒其忿以相赦宥也且晉釋穀臣楚釋知罃所以成二國之好本不為己而好又敢歸德於誰言亦無所德也與音預

王曰。子歸何以報我。對曰。臣不任受怨。君亦不任受德。無怨無德。不知所報。任當也既不報怨又不報德故皆不知所報任音壬

王曰。雖然。必告不穀。對曰。以君之靈。纍臣得歸骨於晉。寡君之以為戮。死且不朽。若從君之惠而免之。以賜君之外臣首。首其請於寡君而以戮於宗。亦死且不朽。若不獲命。而使嗣宗職。次及於事。而帥偏師

以脩封疆雖遇執事其弗敢違其竭力致死無有二心。以盡臣禮。所以報也。纍縶纍纍也君以爲戮以不勝任也稱於外國故云外臣首卽荀首宗荀氏之宗言若歸晉而君戮之固感楚恩不忘若請歸于宗而父戮之亦感楚恩不忘若幸而君不許戮使我嗣其祖宗之位以次序及于晉政帥偏師以治晉之疆埸雖遇楚之將帥豈敢違避庶幾盡力效死而無有攜貳之心以盡人臣事君之禮此臣之忠於晉者乃所以報楚君也王曰。晉未可與爭。重爲之禮而歸之。楚王以荀罃之言忠直不屈故云晉未可與爭

○秋。叔孫僑如圍棘。取汶陽之田。棘不服。故圍之。僑如得臣子

○晉郤克。衛孫良夫。伐廧咎如。討赤狄之餘焉。廧咎如潰。上失民也。宣十五年晉滅赤狄潞氏其餘黨散入廧咎如部內故討之杜預氏云此傳釋經之文而經無廧咎如潰四字葢經闕

○冬。十一月。晉侯使荀

庚來聘。且尋盟。衛侯使孫良夫來聘。且尋盟荀庚林父之子尋元年赤棘之盟孫良夫尋宣七年良夫來盟之盟公問諸臧宣叔曰。中行伯之於晉也其位在三。孫子之於衛也。位爲上卿。將誰先。中行伯即荀庚以林父爲晉中行因以爲氏位下卿孫子即孫良夫在位第一對曰。次國之上卿。當大國之中。中當其下。下當其上大夫。小國之上卿。當大國之下卿。中當其上大夫。下當其下大夫。上下如是。古之制也。衛在晉。不得爲次國。晉爲盟主。其將先之。古制公爲大國侯伯爲次國子男爲小國次國降大國一等小國降大國二等春秋時以強弱爲大小故衛雖侯爵猶爲小國蓋計等則衛爲小國上卿與晉大國之下卿名位相敵以盟主故先晉可也丙午。盟晉。丁未。盟衛。禮也。得大小先後之禮○陸粲氏曰

衛之視晉雖强弱迥異而班爵本同孰謂不得乎爲次國耶庚庚與良夫共位則有辯矣若之何其使晉先衛也尊盟主而弁周制魯是以爲禮乎○附錄

十二月甲戌晉作六軍韓厥趙括鞏朔韓穿荀騅趙旃皆爲卿賞鞌之功也萬二千五百人爲軍韓厥爲新中軍趙括佐之鞏朔爲新上軍韓穿佐之荀騅爲新下軍趙旃佐之晉舊有三軍今增爲六軍僭王也騅音佳

○齊侯朝于晉將授玉郤克趨進曰此行也君爲婦人之笑辱也寡君未之敢任玉謂所執之圭凡諸侯相朝升堂授玉于兩楹之間克言此來非爲脩好蓋爲謝婦人之笑也我君未敢當此禮蓋克忿猶未釋故復宣前事以耻之史記晉世家云齊頃公如晉欲上尊景公爲王景公讓不敢或疑將授玉謬爲將授玉遂飾成此辭耳任音壬

晉侯享齊侯齊侯視韓厥韓厥曰君知厥也乎齊侯曰服改矣韓厥登舉爵曰臣之不敢

愛死。爲兩君之在此堂也。鞍之戰韓厥執縶齊侯馬前故齊侯熟視之戎服與朝服不同言服改明識其人也登謂登堂厥言臣之致死力於行陣之間爲欲兩國和好相會于此堂也其意亦識頃公若非爲我所敗安肯來朝于此○附錄荀罃之在楚也。鄭賈人有將寘諸褚中以出。既謀之。未行。而楚人歸之。褚綿絮也鄭之賈人貿易于楚有將藏荀罃於褚絮之中以出歸晉賈音古褚中呂反賈人如晉。荀罃善視之。如實出已。賈人曰。吾無其功。敢有其實乎。吾小人不可以厚誣君子。遂適齊。賈人如晉以貿易故非求報也如實出已言如賈人眞能竊之以出者有其實言不敢受其厚禮如已實能出之者○愚按荀罃不忘德鄭賈不居功庶幾兩得之

【經】甲戌四年。春。宋公使華元來聘。○三月。壬申。鄭伯堅

卒。無傳○杞伯來朝。○夏四月。甲寅。臧孫許卒。無傳○公如晉。○葬鄭襄公。無傳○秋。公至自晉。○冬。城鄆。無傳杜預氏云公欲叛晉故城而爲備（鄆音運）○鄭伯伐許。○郭登氏曰去年經書鄭伐許諸儒謂稱國以伐狄之也今年經書鄭伯伐許諸儒又謂喪未踰年以吉禮從金革之事稱爵以著其惡也然魯成二年楚師鄭師侵衛三年鄭公子去疾帥師伐許經于此時不狄鄭而後始狄狄之其意何居悼公居喪以吉禮從戎眞夷狄之行也經一反書爵而不狄之其意何居竊意鄭伐許或鄭下脫一伯字人字師字或以人微師少而畧之其後鄭伯伐許恐是鄭伯自將據舊史而實書之耳春秋雖以一字爲褒貶立義各有不同不不應于數年之中事同罪一或恕之于前或誅之于後反使經意破碎言無統理聖人恐不如此也

傳四年春。宋華元來聘。通嗣君也。宋共公初嗣位來通好也○杞伯來朝。歸叔姬故也。杞伯將出叔姬先脩朝禮言其故也○夏。公如晉。

晉侯見公。不敬。季文子曰。晉侯必不免。詩曰。敬之敬之。天惟顯思。命不易哉。夫晉侯之命在諸侯矣。可不敬乎。不免不令終也後十載果陷于廁而卒詩周頌敬之篇思語辭言天道顯明與奪無常其命蓋不易保今晉侯爲諸侯盟主諸侯之從違天命之去留所係其可不盡敬乎○秋。公至自晉。欲求成于楚而叛晉。以晉不見禮之故季文子曰。不可。晉雖無道。未可叛也。國大臣睦而邇於我。諸侯聽焉。未可以貳。言國大而羣臣輯睦又與魯相近諸侯猶聽其命見不可叛魯史佚之志有之曰。非我族類。其心必異。楚雖大。非吾族也。其肯字我乎。史佚周文王大史也非我族類言楚夷不與華同見不可求成于楚公乃止。○冬。十一月。鄭公孫申帥師疆許田。許人敗諸展陂。鄭伯

伐許取鉏任冷敦之田前年鄭伐許取其田今往正其界展陂許地〔冷〕力丁反

晉欒書將中軍荀首佐之士燮佐上軍以救許伐鄭

取汜祭荀庚將上軍不行故佐獨出汜祭鄭地今河南鄭州有祭城〔汜〕音凡〔祭〕齋去楚子

反救鄭鄭伯與許男訟焉皇戌攝鄭伯之辭子反不

能決也曰君若辱在寡君寡君與其二三臣共聽兩

君之所欲成其可知也不然側不足以知二國之成

攝辭也代對也辱屈也鄭君許君訟于子反前子反不能自決欲使兩君自屈至楚楚君臣相與決其曲直而爲之平成平也側子反名杜預氏云爲明年許愬鄭於楚張本○附錄晉趙嬰通于

趙莊姬趙嬰即樓嬰盾之弟莊姬晉成公女趙朔妻也朔盾之子蚤死莊姬寡居趙嬰通之爲明年救嬰張本

經 乙亥 五年杞悼公元年 春王正月。杞叔姬來歸傳在前年婦人嫁曰歸反曰來歸 ○仲孫蔑如宋。○夏。叔孫僑如會晉荀首于穀。穀齊地 ○梁山崩。記異也梁山在今山西石州東 ○秋大水。無傳 ○冬十有一月。己酉。天王崩。○十有二月。己丑。公會晉侯齊侯。宋公。衛侯。鄭伯。曹伯。邾子。杞伯同盟于蟲牢。蟲牢鄭地今河南封丘縣舊有桐牢

傳 五年。附錄 春原屏放諸齊。原同屏括皆趙衰子怒其弟嬰淫亂故逐之出奔于齊 嬰曰。我在故欒氏不作。我亡。吾二昆其憂哉。且人各有能有不能。舍我何害。弗聽。時欒書爲中軍主國政有能有不能言已雖不能不爲淫亂而能令莊姬護趙氏也 嬰夢天使謂己。祭余余福女。使

問諸士貞伯。貞伯曰。不識也。旣而告其人曰。神福仁而禍淫。淫而無罰。福也。祭其得亡乎。祭之之明日而亡。告其人者貞伯自告其從人也亡卽放也言所行淫亂而罰不及此卽天所謂福也嬰若祭天其以得放遣爲福乎杜預氏云爲明年晉殺趙同趙括傳○孟獻子如宋。報華元也。報前年華元來聘○夏。晉荀首如齊逆女。故宣伯餫諸穀。宣伯卽僑如野饋曰餫晉逆女而魯往饋之者敬大國也餫音運○梁山崩。晉侯以傳召伯宗。伯宗辟重。曰。辟傳。重人曰。待我。不如捷之速也。傳驛車也伯宗晉賢大夫晉侯召見伯宗問以山崩之故欲其速來故以驛車召之辟開也重謂重載之車伯宗旣行適有重車在道故伯宗辟之使退曰辟我驛車重人卽載重車者捷邪出也言待我重車退辟則遲不如驛車邪出之爲速也上辟音闢下辟音避問其所。曰。絳人也。問絳事焉。曰。梁山崩。將召伯宗謀之。問將若之何。曰。山有朽壤而崩。可若何。國主山川。故山崩川竭。君爲之不舉降服乘縵徹樂出次。祝幣。史辭以禮焉。其如此而已。雖伯宗若之何。伯宗請見之。不可。遂以告而從之。伯宗善其言故因問其所居所事而重人以梁山崩謀召伯宗爲言蓋不識其爲伯宗也朽壤土壤朽腐也國謂國君主謂主其祭不舉去盛饌也降服損盛服也乘縵墨車無文也徹樂息八音也出次舍於郊也祝幣祝官陳幣以告神也史辭史官撰辭以謝過也禮禮山川也伯宗重其言欲見重人於晉君不可遂以其所言告而行之爲去聲縵音慢

○附錄　許靈公愬鄭伯于楚。六月。鄭悼公如楚。訟不勝。楚人執皇戌。及子國。故鄭伯歸。前兩年鄭伐許故許愬之于楚子國鄭穆公子楚以鄭伯不直故執二子使公子偃請

成于晉。秋。八月。鄭伯及晉趙同盟于垂棘。鄭伯怨楚不直巳故復請成于晉垂棘晉地○附錄宋公子圍龜爲質于楚而歸華元享之。請鼓譟以出。鼓譟以復入。曰。習攻華氏。宋公殺之。圍龜宋文公子宣十五年宋與楚平爲質於楚後華元使圍龜代巳故怨華氏出入輒擊鼓欲以攻之【譟】音噪○冬同盟于蟲牢。鄭服也。鄭伯服于晉故盟○李廉氏曰鄭自邲之役後皆從楚至此始從晉而晉人不能明尊王之義以示之汲汲於要之以盟此所以終不能定鄭雖再救而卒無功也諸侯謀復會。宋公使向爲人辭以子靈之難。子靈圍龜也宋公不欲會故以新誅子靈爲辭杜預氏云爲明年楚侵宋傳【難】去聲○十一月。巳酉。定王崩。杜預氏云經在蟲牢盟上傳在下月倒錯衆家傳悉無此八字或衍文

【經】丙子周簡王元年六年春王正月。公至自會。無傳○二月。辛

已。立武宮。杜預氏云魯人自以鞍之功至今無患故築武軍又作先君武公宮以告成事欲以示後 ○取鄟。鄟魯附庸國今山東兗州府境內地〔鄟〕音專 ○衛孫良夫帥師侵宋。○夏六月。邾子來朝。無傳 ○公孫嬰齊如晉。嬰齊叔肸子 ○壬申。鄭伯費卒。○秋。仲孫蔑叔孫僑如帥師侵宋。○楚公子嬰齊帥師伐鄭。此經書楚大夫將之始 ○冬。季孫行父如晉。○晉欒書帥師救鄭。

傳 六年。附錄 春。鄭伯如晉拜成。謝前年再盟 子游相。授玉于東楹之東。士貞伯曰。鄭伯其死乎。自弃也已。視流而行速。不安其位。宜不能久。子游卽公子偃禮授玉兩楹之間鄭伯行疾故過于楹之東視流不端諦也行過其位故云不安其位 ○二月。季文子以鞍之功。

立武宫非禮也。聽於人以救其難。不可以立武。立武由己非由人也。鞌之功在二年魯人聽命于晉以救齊難功非己出不得爲武故不可以立武宫(難)去聲○取鄟。言易也。○三月晉伯宗夏陽說衛孫良夫甯相鄭人。伊雒之戎陸渾蠻氏侵宋以其辭會也。夏陽說晉大夫甯相衛大夫蠻氏戎別種今河南汝州有蠻中聚宋辭會在前年杜預氏云經惟書衛孫良夫獨衛告也師于鍼。衛人不保。說欲襲衛。曰雖不可入。多俘而歸。有罪不及死。伯宗曰。不可。衛唯信晉。故師在其郊而不設備。若襲之。是弃信也。雖多衛俘。而晉無信。何以求諸侯。乃止。師還。衛人登陴。鍼衛地不保不守備也衛信晉故不守備求諸侯爲霸王也城之有陴所以備戰鬭也衛人聞夏陽說之謀故登陴以備晉(鍼)音針偪音皮○愚按據傳晉與衛合兵侵宋已因其不保遽欲襲之則雖當時諸侯不顧信義恐不至此况晉兵業已至衛良夫亦且統兵而出何謂不保誠有之經何以不書晉二卿主兵而獨書良夫帥師耶當以經文為正○附錄

晉人謀去故絳晉都絳邑景公後遷新田亦命為絳故以故都為故絳諸大夫皆曰必居郇瑕氏之地沃饒而近盬國利君樂不可失也郇瑕古國名今山西解州鹽池即其地沃土肥也饒民富也盬鹽也民富則國享其利國利則君享其樂盬音古郇音荀韓厥子將新中軍且為僕大夫公揖而入獻子從公立於寢庭謂獻子曰何如獻子即韓厥五年晉作六軍故有新中軍之將僕大夫大僕也寢庭路寢之庭對曰不可郇瑕氏土薄水淺其惡易覯易覯則民愁民愁則墊隘於是乎有沈溺重膇之疾不如新田土厚水深居之不

疾有汾澮以流其惡且民從教十世之利也夫山澤林鹽國之寶也國饒則民驕佚近寶公室乃貧不可謂樂惡垢穢也覯兒也言水淺則垢穢易積也墊隘羸困也沈溺濕疾也重膇足腫也新田今爲絳縣與前邑俱屬平陽府不疾以高燥故也汾水出大原經絳北西南入河澮水出平陽絳縣南西入汾水有穢流而不積故不生疾民無災患故從教化十者數之小成也此言新田之善佚放縱也言沃饒而財易得則民驕侈而放逸近寶而民皆爭利則不務公事而公室貧此卽諸大夫所言以辯郇瑕之不善〔音〕墊音玷膇治偽反公說從之夏四月丁丑晉遷于新田杜預氏云爲季孫如晉傳○六月鄭悼公卒終士貞伯之言○子叔聲伯如晉命伐宋聲伯卽嬰齊季本氏云前以晉命伐宋不往而良夫獨侵故晉責魯而嬰齊往謝焉故復使之伐以補前過耳秋孟獻子叔孫宣伯侵宋晉命也○楚子重

伐鄭鄭從晉故也（子重即嬰齊前年鄭從晉命）○冬季文子如晉賀遷也（賀晉遷都）○晉欒書救鄭與楚師遇于繞角楚師還晉師遂侵蔡楚公子申公子成以申息之師救蔡禦諸桑隧（繞角鄭地今河南魯山縣有繞角城申息楚二縣桑隧今確山縣舊有桑里）趙同趙括欲戰請於武子武子將許之知莊子范文子韓獻子諫曰不可吾來救鄭楚師去我吾遂至於此是遷戮也戮而不已又怒楚師戰必不克雖克不令成師以出而敗楚之二縣何榮之有焉若不能敗爲辱已甚不如還也乃遂還（武子即欒書知莊子即荀首范文子即士燮韓獻子即韓厥遷戮者言我本欲救鄭乃遷怒而戮蔡也遷戮則不善怒敵則難當故云不克不令不可號令于

衆也六軍皆出故云成師何榮言以大勝小不足爲榮也於是軍帥之欲戰者衆

或謂欒武子曰。聖人與衆同欲。是以濟事。子盍從衆。子爲大政。將酌於民者也。子之佐十一人。其不欲戰者三人而已。欲戰者可謂衆矣。商書曰。三人占。從二人。衆故也。盍何不也大政中軍元帥也酌於民取民心而酌之也佐謂六軍卿佐三人謂知范韓商書洪範篇一人則寡二人則衆故當從衆武子曰。善鈞從衆。夫善。衆之主也。三卿爲主。可謂衆矣。從之。不亦可乎。鈞等也三卿謂知范韓言從衆者必其所見之善鈞平如一乃可從之夫善乃人心所同欲故爲衆心之主今三卿所見鈞善不可謂不衆從之乃所以從衆也傳言武子以善爲衆不以人爲衆得從衆之義杜預氏云爲八年晉侵鄭傳○愚按晉師救鄭既遇楚師則非不及事也而楚師旋即退去是晉無匹矢遺鏃之費而救鄭之義亦申矣柰之何復遷戮而侵蔡而將佐者之欲逞于一戰也則師出無名徒益楚怒使非三卿者力阻之其不陷于郯之覆轍者幾希欒子曰善者衆之主也斯言也其可爲聽謀用衆之法矣

【經】丁丑七年。鄭成公元年春王正月。鼷鼠食郊牛角。改卜牛。鼷鼠又食其角。乃免牛。無傳鼷鼠鼠之小者將祭之牛皆繫于牢設楅衡以制其角故鼷鼠得以制之稱牛未卜日也免放也杜預氏云免牛可也不郊非禮也鼷音兮○吳取郯。此夢壽之二年吳見經始此稱國以伐狄之也郯音談○夏五月。曹伯來朝。○不郊。猶三望。無傳杜預氏云書不郊閒有事三望非禮也○秋楚公子嬰齊帥師伐鄭。○公會晉侯齊侯宋公衛侯曹伯莒子邾子杞伯救鄭。○八月。戊辰同盟于馬陵。晉合八國之君以救鄭得攘夷狄安中國之道故書同盟以美之馬陵鄭地今河南中牟縣有馬陵岡杜註衛地季本氏以爲諸侯救鄭不當遠去盟于衛地是也○公至自會。無傳○吳入州來。州來楚屬國今爲南直隸壽州○冬大雩。無傳書過○衛孫林父出奔晉。

【傳】七年春。吳伐郯。郯成。季文子曰。中國不振旅。蠻夷入伐。而莫之或恤。無弔者也夫。詩曰。不弔昊天。亂靡有定。其此之謂乎。有上不弔。其誰不受亂。吾亡無日矣。振整旅衆也弔相恤也言中國不相愍恤所以夷狄得以內侵也詩小雅節南山篇言昊天不愍弔下民其禍亂寧有安定之時文子因釋詩言今之霸主不恤小國其誰不受蠻夷之禍亂如此則我之滅亡殆不久矣上謂霸主君子曰。知懼如是。斯不亡矣。○附錄鄭子良相成公以如晉。見。且拜師。前年晉有救鄭之師故鄭伯如晉謝之杜預氏云爲楚伐鄭張本○夏。曹宣公來朝。○秋。楚子重伐鄭。師于汜。前年楚未得志故復伐之汜鄭地（汜）音凡諸侯救鄭。鄭共仲、侯羽軍楚師，囚鄭公鍾儀，獻諸晉。共仲侯羽皆鄭大夫鍾儀楚鄭縣大夫八月，同盟于馬陵，尋蟲牢之盟，且莒服故也。蟲牢盟在五年蟲牢既盟而諸侯尚多不協故復合諸侯救鄭而同盟于馬陵莒本屬齊齊服故莒從之晉人以鍾儀歸，囚諸軍府。軍府府軍藏之府杜預氏云爲九年晉侯見鍾儀張本○楚圍宋之役，師還，子重請取於申呂以爲賞田。王許之。申公巫臣曰：不可。此申呂所以邑也，是以爲賦，以御北方。若取之，是無申呂也，晉鄭必至于漢。王乃止。子重是以怨巫臣。子反欲取夏姬，巫臣止之，遂取以行，子反亦怨之。楚圍宋在宣十四年申呂楚二邑子重以圍宋有功故欲分申呂之田以自賞巫臣言申呂賴此田成邑去此田則無以出兵賦而二邑不能禦晉鄭晉鄭必且至漢水無所障蔽矣巫臣取夏姬事在二年（御）音禦 及共王即位子重子反殺巫臣之族子閻子蕩及清尹弗忌及襄老之子黑要而分其室子重取子閻之室使沈尹與王子罷分子蕩之室子反取黑要與清尹之室子閻子蕩弗忌皆巫臣之族以夏姬故并怨黑要殺之（罷）音皮○孫應鰲氏曰二人之怨巫臣皆非其正即使怨之何至殺族巫臣脩報非過也 巫臣自晉遺二子書曰爾以讒慝貪惏事君而多殺不辜余必使爾罷於奔命以死二子子重子反也讒慝謂譖于君以滅其族貪惏謂二子利其財以分其室奔命謂奔走君命以救邊境之急（惏）力含反 巫臣請使於吳晉侯許之吳子壽夢說之乃通吳于晉以兩之一卒適吳舍偏兩

之一焉與其射御教吳乘車教之戰陳教之叛楚寘其子狐庸焉使爲行人於吳壽夢季札之父先是吳國僻陋不與中國通至是巫臣乃通吳于晉司馬法百人爲卒二十五人爲兩軍九乘爲小偏十五乘爲大偏巫臣以百二十五人適吳留其車九乘卒二十五人于吳令吳習之前此吳未嘗射御乘車識戰陳之法而又常屬楚令巫臣與其射御教其乘車與戰陳之法而又教之叛楚狐庸巫臣子寘之吳使謀外事舍音赦吳始伐楚伐巢伐徐子重奔命馬陵之會吳入州來子重自鄭奔命子重子反於是乎一歲七奔命蠻夷屬於楚者吳盡取之是以始大通吳於上國巢徐皆楚屬國子重以二國見伐故奔命往救之已而吳入州來又因伐鄭奔命往救之于是二子往來奔命而楚不獲寧矣上國諸夏也○愚按楚以夷夷而病中國而晉嗾吳以罷之誠得計矣然吳獨非夷耶而吳之始大又豈特罷楚

已耶楚罷晉自是不復覇矣則亦晉自有以啓之也○衛定公惡孫林父。冬，孫林父出奔晉。衛侯如晉，晉反戚焉。林父孫良夫之子戚林父邑林父出奔戚隨入晉故晉因衛來朝而反之

春秋左傳註評測義卷之二十七

春秋左傳註評測義卷之二十八

明吳興後學凌稚隆輯著

成公三

經 戊寅 八年。春。晉侯使韓穿來言汶陽之田。歸之于齊。二年鞌之戰晉使齊歸魯汶陽之田至是齊既服晉復使魯還之高閌氏云書來言則晉非必令魯歸之也言之而已曰歸之于者强歸之詞蓋以見晉之失言也○晉欒書帥師侵蔡。○公孫嬰齊如莒。○宋公使華元來聘。○夏。宋公使公孫壽來納幣。公孫壽蕩意諸之父○晉殺其大夫趙同趙括。同括爲莊姬所譖而欒郤害之故稱國以殺而不去其官○秋。七月。天子使召伯來賜公命。召伯周卿士天子天王也杜預氏云諸侯即位天子賜以命圭與之合瑞八年乃來緩也

〔召〕邵音　○冬十月癸卯。杞叔姬卒。杞叔姬來歸在五年　○晉侯使士燮來聘。○叔孫僑如會晉士燮。齊人。邾人。伐郯。杜預氏云先晉而稱會盟主之命不同之于列國　○衛人來媵。魯將嫁伯姬于宋衛與魯同姓故來媵〔媵〕盈去○程子曰媵小事不書伯姬之嫁諸侯皆來媵之故書以見一女子之賢尚聞於諸侯況君子乎

〔傳〕八年春。晉侯使韓穿來言汶陽之田歸之于齊。季文子餞之。○季本氏曰齊自會溫盟翟泉之後不復與晉會盟至蟲牢始服而猶未協也故馬陵之後晉使魯反汶陽之田以媚之霸者所為若此何以令諸侯哉　私焉。曰大國制義以為盟主。是以諸侯懷德畏討。無有貳心。謂汶陽之田敝邑之舊也。而用師於齊。使歸諸敝邑。今有二命

曰歸諸齊信以行義義以成命小國所望而懷也信不可知義無所立四方諸侯其誰不解體用師卽二年鞌之戰懷歸也解體猶言離心也詩曰女也不爽士貳其行士也罔極二三其德七年之中一與一奪二三孰甚焉士之二三猶喪妃耦而況霸主霸主將德是以而二三之其何以長有諸侯乎詩衛風氓篇爽差也士夫也婦人怨夫不一其行喻魯事晉猶女之事夫不敢過差而晉有罔極之心反二三其德也以用也[行喪]並去聲[妃]音配詩曰猶之未遠是用大簡行父懼晉之不遠猶而失諸侯也是以敢私言之詩大雅板篇猶圖簡諫也言王者圖事不遠故用大道諫之行父今亦懼晉之不能遠圖而因此以失諸侯是以敢私布此言爾○高閌氏曰魯國之分地晉不當爲齊請于魯齊不當求之于晉

韓穿爲正卿不當爲齊言於魯魯晉不當以晉令遂以與齊○晉欒書侵蔡。遂侵楚。獲申驪。楚師之還也。晉侵沈。獲沈子揖。初。從知范韓也。六年侵蔡未得志至是復侵之申驪楚大夫還遇繞角而還也沈屬楚小國子爵名揖繞角之役欒書從知范韓之言不與楚戰嗣後每從其謀師出有功故傳追述其事而併言之知去聲○愚按繞角之役知范韓以侵陳爲遷戮而欒子去之謂之從善可也乃今蔑爾之沈無罪而俘獲其君此獨非遷戮乎而左氏以爲從善吾不識也君子曰。從善如流。宜哉。詩曰。愷悌君子。遐不作人。求善也。夫作人。斯有功績矣。如流喻其速宜宜有功也詩大雅旱麓篇愷樂悌易也遐與何通作用也是行也。鄭伯將會晉師。門于許東門。大獲焉。鄭伯將會晉伐蔡之師過許見其無備遂攻之○聲伯如莒。逆也。因聘自爲逆婦○宋華元來聘。聘共姬也。共姬卽伯姬穆姜之女成公之妹爲宋共公夫人杜預氏云聘不應使卿故傳發其事○夏宋公使公孫壽來納幣禮也杜預氏云納幣應使卿故云禮○晉趙莊姬爲趙嬰之亡故譖之于晉侯曰原屏將爲亂欒郤爲徵五年趙嬰通趙莊姬原屏放之徵證也爲趙去聲六月晉討趙同趙括武從姬氏畜于公宮以其田與祁奚莊姬晉成公女武其子也畜養也祁奚晉大夫韓厥言於晉侯曰成季之勳宣孟之忠而無後爲善者其懼矣三代之令王皆數百年保天之祿夫豈無辟王賴前哲以免也周書曰不敢侮鰥寡所以明德也成季趙衰也有保護文公之勳宣孟趙盾也有扶翊晉國之忠辟邪僻也言三代亦有邪僻之君皆賴其先人以免禍今於趙氏亦宜念其先世功勳而存之周書康誥篇言文王不侮鰥寡而德益明欲晉法之

也〔辟〕音僻乃立武而反其田焉。○愚按史記云屠岸賈者治靈公之賊以致趙盾殺趙朔趙同趙括趙嬰齊皆滅其族趙朔妻成公姊有遺腹走公宮匿生男賈索於宮中公孫杵臼程嬰謀取他人嬰兒匿山中程嬰謬告趙氏孤處遂殺杵臼孤兒然趙氏真孤乃反在程嬰卒與俱匿山中居十五年於是景公乃與韓厥謀立趙孤兒攻屠岸賈滅其族復與趙武田號如故據左氏則趙氏之禍由莊姬據史記則趙氏之禍由屠岸賈其說牴牾不可强合或曰屠岸賈殺趙朔自一事也趙莊姬譖殺同括又一事也但史記謂同括嬰同見殺於下宮之難則傳聞之誤耳 ○秋召桓公來賜公命。召桓公即召伯 ○附錄 晉侯使申公巫臣如吳假道于莒。與渠丘公立於池上。曰城已惡。渠丘莒邑今爲山東安丘縣莒夷無謚因以爲號即莒子朱也池城池也已甚也 莒子曰辟陋在夷其孰以我爲虞。虞度也言僻陋之國無有圖度之者不假城郭之固也 對曰夫狡焉思啓封疆以利社稷者何國蔑有唯然故多大國矣唯或思或縱也勇夫重閉況國乎狡狂啓開也言狂夫思開大其封域疆土以利其社稷者甚多故其相兼幷而成大國者亦多所以然者以欲伐人者有如此思謀而其所伐國又不自備縱其所爲故也夫勇夫恐人謀害必重閉其門況有國家者可以僻陋而不備乎杜預氏云爲明年莒潰傳重平聲○冬杞叔姬卒來歸自杞故書趙汸氏云叔姬歸老于魯非杞絕之故書國魯君爲之服而喪以夫人之禮故書卒○晉士燮來聘言伐郯也以其事吳故公賂之請緩師七年郯與吳成故晉徵兵于魯以伐之文子不可曰君命無貳失信不立禮無加貨事無二成君後諸侯是寡君不得事君也燮將復之文子卽士燮言受君命者不可受他人之命苟受二命則失信于君無以自立矣且朝聘有贈賄之禮無有加貨豈得受其私

賂公私之事不能兩全豈得從其私請今晉召諸侯以伐鄭而魯獨緩師是寡君不得以和好事晉也欒將以緩師之言復命于君焉 季孫懼。使宣伯帥師會伐鄭。宣伯即叔孫僑如○家鉉翁氏曰不能治楚而徒欲服鄭不能制吳而反欲責鄭晉之君臣無能甚矣 ○衛人來媵共姬禮也。以同姓相媵故 凡諸侯嫁女同姓媵之。異姓則否。古者同姓之娶適夫人及左右媵各有姪娣皆同姓之國國三人凡九女參骨肉至親所以息陰訟廣繼嗣也○劉敞氏曰天子之妃百二十又可一姓乎左氏之說非也

【經】己卯 九年春王正月。杞伯來逆叔姬之喪以歸。○公會晉侯齊侯宋公衛侯鄭伯曹伯莒子杞伯同盟于蒲。○公至自會無傳○二月伯姬歸于宋。○夏季孫行父如宋致女。女嫁三月廟見婦禮既成父母使人安之謂之致所以致成婦之禮篤昏姻之

好也○晉人來媵。媵伯姬也○秋七月丙子齊侯無野卒。無傳○晉人執鄭伯。鄭伯既受晉盟又受楚賂故晉執之○晉欒書帥師伐鄭。○冬十有一月葬齊頃公。無傳○楚公子嬰齊帥師伐莒。庚申莒潰。○楚人入鄆。鄆莒別邑楚偏師入鄆故稱人○秦人白狄伐晉。白狄今陝西延安府所屬即其地也○鄭人圍許。○城中城。中城魯邑

【傳】九年春杞桓公來逆叔姬之喪。請之也。叔姬已絕於杞以魯請故來迎其喪杞叔姬卒。為杞故也。叔姬見出而經書杞叔姬卒者終為杞所葬也經書在前年【為】去聲下同逆叔姬。為我也。叔姬既弃而經逆叔姬喪為魯故也○愚按魯既妻叔姬於杞則夫婦之禮成矣胡得以無罪而輒出杞既歸叔姬於魯則夫婦之義絕矣胡得以已死

而逆喪竊謂杞伯逆之成公與之皆非禮也○爲歸汶陽之田故諸侯貳於晉。晉人懼。會於蒲。以尋馬陵之盟。魯歸汶陽田在前年馬陵盟在七年諸侯貳如季孫之言○季本氏曰晉不足服諸侯豈特以汶陽田失信之故哉受孫林父之奔則非所以善隣使欒書侵蔡則非所以威遠以故諸侯皆貳季文子謂范文子曰。德則不競。尋盟何爲。競强也范文子曰。勤以撫之。寬以待之。堅彊以御之。明神以要之。柔服而伐貳。德之次也。御駕御也德之次言德雖不競亦足以服諸侯次於有德者也（要）平聲是行也。將始會吳。吳人不至。杜預氏云爲十五年會鍾離傳○金履祥氏曰蒲之盟內則爲諸侯之貳外則召吳而吳不至則春秋何以書同盟晉將以是同諸侯爾是同也與清丘之同一也○二月。伯姬歸于宋。爲致女復命起案○附錄楚人以重賂求鄭。鄭伯會

楚公子成于鄧。楚欲得鄭故以重賂求之杜預氏云爲晉人執鄭伯傳○夏季
文子如宋致女。復命。公享之。賦韓奕之五章。韓奕詩大雅篇
義取韓姞相攸莫如韓韓樂喜有此善居而安樂也文子賦此章以喻成公有蹶父之德宋公如韓侯宋土
亦如韓樂穆姜出于房。再拜曰。大夫勤辱。不忘先君。以及
嗣君。施及未亡人。先君猶有望也。敢拜大夫之重勤。
又賦綠衣之卒章而入。穆姜伯姬之母聞文子言宋樂喜而出謝其行之勞先君
謂宣公伯姬父也嗣君謂成公婦人夫死稱未亡人猶有望言亦望文子之若此也重勤重有勤勞也綠
衣詩邶風篇義取我思古人實獲我心喻文子能得己意也[施]移去○晉人來媵。禮也。
以同姓故○秋。鄭伯如晉。晉人討其貳於楚也。執諸銅鞮
鄭自垂棘之盟事晉今以重賂貳於楚而被執銅鞮晉地在今山西沁州[鞮]音提欒書伐鄭。

鄭人使伯蠲行成。晉人殺之。非禮也。兵交。使在其間。可也。伯蠲晉行人。使在其間。言使者在于兩師之間。不當殺也。【蠲】音涓。○高閌氏曰。鄭伯雖與楚會。而躬朝于晉。是已乃因其來朝而執之。豈有以禮來朝而反蒙執辱者哉。又況鄭使伯蠲行成而殺之耶。

楚子重侵陳以救鄭。陳與晉。故楚侵陳以救鄭。○附錄

晉侯觀于軍府。見鍾儀。問之曰。南冠而縶者誰也。有司對曰。鄭人所獻楚囚也。使稅之。召而弔之。再拜稽首。七年鄭獲楚鍾儀。獻於晉而囚之。南冠。楚冠。縶。拘執也。稅。解也。弔。慰勞也。【稅】音脫。問其族。對曰。泠人也。公曰。能樂乎。對曰。先父之職官也。敢有二事。使與之琴。操南音。公曰。君王何如。對曰。非小人之所得知也。固問之。對曰。其爲大子也。師保奉之。以朝于嬰齊而

夕于側也不知其他伶人樂官古伶氏世掌樂官因以爲號敢有二事言不敢更學他事楚國在南方故舉南方之音嬰齊令尹子重側司馬子反朝夕焉者言有所規法以成其德也伶音伶公語范文子文子曰楚囚君子也言稱先職不背本也樂操土風不忘舊也稱大子抑無私也名其二卿尊君也不背本仁也不忘舊信也無私忠也尊君敏也仁以接事信以守之忠以成之敏以行之事雖大必濟君盍歸之使合晉楚之成不言爲君時事而遠稱大子者以示性所自然明至誠也禮君前臣名稱子仲子反之名所以尊晉君也敏謂臨事之敏事雖大必濟者言有此四德雖大事必有成也公從之重爲之禮使歸求成杜預氏云爲下十二月晉楚結好張本○冬十一月楚子重自陳伐莒圍渠丘渠

丘城惡衆潰奔莒戊申楚入渠丘莒人囚楚公子平楚人曰勿殺吾歸而俘莒人殺之楚師圍莒莒城亦惡庚申莒潰楚遂入鄆莒無備故也而汝也終巫臣之言君子曰恃陋而不備罪之大者也備豫不虞善之大者也莒恃其陋而不脩城郭浹辰之閒而楚克其三都無備也夫浹周匝也辰日辰也言自子至亥周匝十二日也浹子協反詩曰雖有絲麻無棄菅蒯雖有姬姜無棄蕉萃凡百君子莫不代匱言備之不可以已也此逸詩也絲可爲帛麻可爲布皆精細之物菅蒯皆草之可爲粗用者姬周姓姜齊姓皆大國之女蕉萃陋賤之人君子指在位者言君子或有匱乏之時不可不得人以代其事也菅音姦蒯音快○秦人白狄伐晉諸侯貳故也○

鄭人圍許示晉不急君也是則公孫申謀之曰我出師以圍許爲將改立君者而紓晉使晉必歸君此秋晉執鄭伯鄭人不肯服而出師以圍許蓋示晉不以報君爲急也此乃公孫申之所謀者蓋曰我出師圍許如欲改立他公子爲君者而緩遣使以求成于晉則晉恐鄭別立君必將歸鄭君也杜預氏云爲明年晉侯歸鄭鄭伯張本(爲)如字○城中城書時也姜寶氏云中城者郭之內而宮之外也此舉蓋懲莒而備楚歟○附錄十二月楚子使公子辰如晉報鍾儀之使請脩好結成鍾儀奉晉命歸楚求成成故楚報之

【經】庚辰十年齊靈公元年春衛侯之弟黑背帥師侵鄭吳徵氏云受大國之命而輕用其師者皆書侵與六年侵宋同○夏四月五卜郊不從乃不郊無傳○五月公會晉侯齊侯宋公衛侯曹伯伐鄭

○齊人來媵無傳媵伯姬也杜預氏云異姓來媵非禮也○丙午晉侯獳

卒獳乃侯反○秋七月公如晉○冬十月

【傳】十年附錄春晉侯使糴茷如楚報大宰子商之使也

糴茷晉大夫子商即楚公子辰報使在前年糴調去茷音吠○衛子叔黑背侵鄭

晉命也子叔黑背即黑背○鄭公子班聞叔申之謀三月子

如立公子繻夏四月鄭人殺繻立髡頑子如奔許叔申

即公孫申謀謂前年改立君之謀子如即公子班公子繻成公庶兄髡頑成公大子繻音須髡苦門反

欒武子曰鄭人立君我執一人焉何益不如伐鄭而

歸其君以求成焉我執一人者言成公既非鄭國之君則我執成公不過一人爾晉

侯有疾五月晉立大子州蒲以爲君而會諸侯伐鄭

鄭子罕賂以襄鍾子然盟于脩澤子駟爲質辛巳鄭伯歸子罕子然子駟皆穆公子襄鍾鄭襄公之廟鍾脩澤鄭地在今河南脩武縣境杜預氏云鄭伯歸不書鄭不告入也○晉侯夢大厲被髮及地搏膺而踊曰殺余孫不義余得請于帝矣壞大門及寢門而入公懼入于室又壞戶公覺召桑田巫巫言如夢公曰何如曰不食新矣厲厲鬼趙氏先祖也搏擊膺胷踊躍也八年晉侯殺趙同趙括不以其罪故云不義大門公宮之大門寢門路寢之門戶寢室之戶桑田晉邑其邑之巫言鬼怒如公所夢新新麥不及食新麥言將死也[被]音披[覺]音教公疾病求醫于秦秦伯使醫緩爲之未至公夢疾爲二竪子曰彼良醫也懼傷我焉逃之其一曰居肓之上膏之下若我何醫至曰疾不可

爲也。在肓之上，膏之下，攻之不可，達之不及，藥不至焉，不可爲也。公曰：良醫也。厚爲之禮而歸之。緩醫名。爲猶治也。肓鬲也。心下爲膏。言在心下鬲上也。攻謂灸也。達砭針也。藥不至，言藥力不能至膏肓也。晉侯聞醫緩所言與夢同，故以良醫稱之。肓音荒。六月丙午，晉侯欲麥，使甸人獻麥，饋人爲之。召桑田巫，示而殺之。將食，張，如廁，陷而卒。周六月，今四月，麥始熟。欲麥，欲食新麥也。甸人主治公田者。饋人主治公膳者。爲猶治也。巫前言公不食新，公謂其言不驗，故召巫示以新麥而殺之。張，腹滿也。公將食麥，俄然腹張，遽起登廁，遂陷于廁而卒，竟不及食新，如巫言。張去聲。小臣有晨夢負公以登天，及日中，負晉侯出諸廁，遂以爲殉。杜預氏云：傳言巫人以明術見殺，小臣以言夢自禍。○附錄。鄭伯討立君者，戊申，殺叔申、叔禽。叔禽，叔申弟。君子曰：忠爲令德非其人猶不可況不令乎君子言盡忠於君雖爲美德而施之非人猶不以爲可而見殺況人臣爲不美之事乎言令德者前年公孫申曰我出師圍許晉必歸君是也

〇秋公如晉晉人止公使送葬於是糴茷未反是春晉使糴茷如楚未還晉謂魯貳於楚故留公欲待茷歸以審其虛實冬葬晉景公公送葬諸侯莫在魯人辱之故不書諱之也魯人以公送葬爲辱故不書晉葬以諱之

春秋左傳註評測義卷之二十八　終

春秋左傳註評測義卷之二十九

明吳興後學凌稚隆輯著

成公四

【經】辛巳十有一年。晉厲公元年春王三月。公至自晉。杜預氏云正月公在晉不書諱見止也○晉侯使郤犨來聘。己丑及郤犨盟。郤犨郤克之從父兄弟也犨尺由反○夏季孫行父如晉。○秋叔孫僑如如齊。○冬十月。

【傳】十一年春王三月。公至自晉。晉人以公為貳於楚。故止公。公請受盟。而後使歸。前年七月公如晉弔晉以公欲從楚故執公不聽其歸○郤犨來聘。且涖盟。公請受盟故晉使大夫來涖之聲伯之母不聘。穆姜曰。吾不以妾爲姒。生聲伯。而出之。嫁於齊管于奚。生二子而寡。以歸聲伯。聲伯以其外弟爲大夫。而嫁其外妹於施孝叔。聲伯母叔肸妻也叔肸宣公同母弟穆姜宣公夫人兄弟之妻相謂曰姒初聲伯之母歸叔肸時婚姻之禮不備穆姜易之故云吾不以妾爲姒二子男女各一也外弟外妹卽管于奚子女孝叔魯惠公五世孫郤犫來聘。求婦於聲伯。聲伯奪施氏婦以與之。婦人曰。鳥獸猶不失儷。子將若何。曰。吾不能死亡。婦人遂行。生二子於郤氏。郤氏亡。求婦犫爲巳求婦也儷耦也子婦人謂其夫也言雖鳥獸亦能庇其配耦子如之何不能庇其妻也孝叔言吾若不與犫懼不免死亡之禍其妻遂改適郤犫郤氏亡在十七年杜預氏云傳言郤氏淫縱所以亡也晉人歸之施氏。施氏逆諸河。沈其二子。婦人怒曰。

已不能庇其伉儷而亾之。又不能字人之孤而殺之。將何以終。遂誓施氏。沈謂沈之于河伉敵也亾之爲人所奪也字愛也無父曰孤誓施氏誓不爲施氏婦也[沈]直蔭反○愚按聲伯之母雖出然有母子之情焉聲伯歸之猶可言也施氏之婦爲強有力者所奪則夫婦之義絕矣而施氏復逆之不可言也噫是所謂守禮之國者耶○夏。季文子如晉報聘且涖盟也。杜預氏云郤犨文子交盟魯晉之君其意一也故但書來盟舉重畧輕○附錄周公楚惡惠襄之偪也。且與伯與爭政。不勝。怒而出。及陽樊。王使劉子復之。盟于鄄而入。三日。復出奔晉。周公楚天子三公惠襄謂惠王襄王之族偪害也伯與周卿士陽樊晉地鄄周邑杜預氏云天王既復之而復出所以自絕於周爲明年周公出奔傳[鄄]音絹○秋。宣伯聘于齊。以脩前好。脩鞍戰以前之好○季本氏曰自蟲牢以來晉復與齊相厚故魯亦親齊而十四年如齊逆女之議始於此矣○附錄晋郤至與周爭鄇田。王命劉康公單襄公訟諸晋。鄇溫別邑今河南武陟縣有鄇人亭(鄇)音侯(單)音善郤至曰。溫吾故也。故不敢失。故謂郤氏舊邑劉子單子曰。昔周克商使諸侯撫封。蘇忿生以溫爲司寇與檀伯達封于河。蘇氏卽狄。又不能於狄。而奔衛。襄王勞文公而賜之溫。狐氏陽氏先處之。而後及子。若治其故。則王官之邑也。子安得之。言昔周王克紂使諸侯撫有其封内之地蘇忿生受溫邑爲武王司寇與檀伯達俱封於河内後蘇氏子孫以溫就狄又不能事狄僖十年奔衛僖二十五年周襄王賞勞晋文公之功而以溫賜之晋狐溱陽處父皆先食溫邑三傳而後及爾郤氏若以爲舊有之物則溫乃周王之官邑也爾安有之晋侯使郤至勿敢爭。愚按郤至晋一陪臣爾乃敢

與周抗衡哉而天子弗能制又命聽其曲直於晉○侯尤可閔也人臣無將固宜郤氏不旋踵而亡

附錄 宋華元善於令尹子重又善於欒武子聞楚人既許晉糴茷成而使歸復命矣冬華元如楚遂如晉合晉楚之成 晉侯糴茷如楚在前年杜預氏云爲明年盟宋西門外張本○

附錄 秦晉爲成將會于令狐晉侯先至焉秦伯不肯涉河次于王城使史顆盟晉侯于河東晉郤犫盟秦伯于河西 史顆秦大夫河東即令狐河西即王城 范文子曰是盟也何益齊盟所以質信也會所信之始也始之不從其何質乎 齊一心也質成所地也言一心爲盟所以成二國之信約會之地乃二國質信之始始既不能相從其何以成信於後日乎蓋文子見秦晉不親盟而各遣其臣臨盟故其言如此 秦伯歸而背晉成 杜預

氏云爲十三年晉伐秦傳

經 壬午 十有二年春周公出奔晉○夏公會晉侯衛侯于瑣澤 瑣澤地闕 ○秋晉人敗狄于交剛 交剛地闕 ○冬十月

傳 十二年春王使以周公之難來告書曰周公出奔晉 周王使人以周公楚出入之難來告奔在前年而書於今年來告也 凡自周無出周公自出故也 天下皆王土故自周奔者不言出周公爲王所復而復出自絕於周故書出以罪之 ○宋華元克合晉楚之成夏五月晉士燮會楚公子罷許偃癸亥盟于宋西門之外 克能也言能終前年合晉楚之成也罷偃楚二大夫 曰凡晉楚無相加戎好惡同之同恤菑危備救凶患若有害楚則晉伐之在晉楚亦如之交贄往

來道路無壅謀其不恊而討不庭有渝此盟明神殛之俾隊其師無克胙國。此皆盟誓載書之辭戒兵贄幣壅阻恊和也不庭不來在王庭者殛誅俾使隊失也言使隊失其師衆不能長享其國胙也鄭伯如晉聽成會于瑣澤成故也聽受也晉楚既成鄭伯往晉受成命於諸侯會于瑣澤以申其好。愚按經書會于瑣澤者晉魯衛也傳載盟於宋西門之外者晉宋楚也而如晉聽成會於瑣澤者又鄭伯也非魯與衛也何以故傳與經不合至是竊謂晉楚爲成有非細故豈有不告諸侯之理經亦安得畧而不書趙氏謂舊說有晉令鍾儀歸求成事竟不集左氏遂誤而附會爲此傳未可知也要當以經爲正○

狄人閒宋之盟以侵晉而不設備秋晉人敗狄于交剛狄人乘晉楚會盟之閒隙以侵晉而不設戰備晉乘其無備而敗之○附錄

晉郤至如楚聘且涖盟楚子享之子反相爲地室而縣焉郤至

將登。金奏作於下。驚而走出。相相禮也地室鑿地爲室也縣鐘鼓也登登堂也金奏擊鐘而奏樂也子反曰。日云莫矣。寡君須矣。吾子其入也。須待也莫音暮賓曰。君不忘先君之好。施及下臣。貺之以大禮。重之以備樂。如天之福。兩君相見。何以代此。下臣不敢。賓郤至貺賜重加也言設使天祐兩國使兩君以和好相見其所備之樂恐亦不過如此所以下臣不敢當此郤至釋其驚走之意姑飾辭以辭其樂云子反曰。如天之福。兩君相見。無亦唯是一矢以相加遺。焉用樂。寡君須矣。吾子其入也。言晉楚皆大國必不相朝無亦唯是戰鬪以一矢相加遺乃克相見無用此樂賓曰。若讓之以一矢。禍之大者。其何福之爲。世之治也。諸侯間於天子之事。則相朝也。於是乎有享宴之禮享以訓共儉宴以示慈惠共儉以行禮而慈惠以布政政以禮成民是以息百官承事朝而不夕此公侯之所以扞城其民也故詩曰赳赳武夫公侯干城及其亂也諸侯貪冒侵欲不忌爭尋常以盡其民畧其武夫以爲己腹心股肱爪牙故詩曰赳赳武夫公侯腹心天下有道則公侯能爲民干城而制其腹心亂則反之今吾子之言亂之道也不可以爲法然吾子主也至敢不從遂入卒事讓責也閒謂王事閒暇也相朝以脩私好也享有體薦設几而不倚爵盈而不飲肴乾而不食所以訓恭儉也宴則節折其肉升之于俎相與共食所以示慈惠也恭儉所以行禮慈惠所以布政政以禮而成故民得各安其生百官各承其事故朝治事

而夕不見此公侯所以扞蔽城邑保庇民命也詩周南兎罝篇赳赳武貌干扞也引詩言治世無事公侯與武夫設其恭儉慈惠之禮與人扞難而已不侵伐他國也此明世治無一矢相加好財曰貪盡利曰冒八尺曰尋倍尋曰常言爭夫尺之地以相侵伐盡殺其民也畧取也取之爲已腹心股肱爪牙令其侵害隣國用以搏噬也詩亦兎罝篇蓋舉治世之詩以證亂世之事言公侯取武夫以制已心腹非取武夫爲巳心腹以害隣國也此明世亂方有一矢相加承上文言世治則公卿外以爲民之干城而內以自制其腹心及至亂世則公侯不復扞蔽其民乃以勇夫爲巳心腹股肱爪牙以侵害他國也

歸以語范文子。文子曰。無禮必食言。吾死無日矣夫。言子反一矢之言無禮必將背盟背盟必相侵伐故知死亾不久杜預氏云爲十六年鄢陵戰張本

冬。楚公子罷如晉聘。且涖盟。十二月。晉侯及楚公子罷盟于赤棘。子罷如晉晉報郤至也赤棘晉地

經癸未十有三年春，晉侯使郤錡來乞師。錡魚綺反○三月，公如京師。公欲會伐秦，道過京師，因而朝王，非有專敬之心，故不書朝而書如，即如晉如齊之類○夏五月，公自京師，遂會晉侯、齊侯、宋公、衛侯、鄭伯、曹伯、邾人、滕人伐秦。遂者，急於後事之辭○曹伯盧卒于師○秋七月，公至自伐秦。無傳。不以京師至，明本非朝京師也○冬，葬曹宣公。

傳十三年春，晉侯使郤錡來乞師。乞師，將伐秦也○季本氏曰：晉毎徵兵隣國，而於此獨言乞師者，蓋晉失諸侯，人心懈怠，魯爲人望，苟有難意，恐諸侯亦且有辭，故特使貴卿卑辭以求之，蓋威令不及往日矣將事不敬。孟獻子曰：郤氏其亾乎。禮，身之幹也；敬，身之基也。郤子無基。且先君之嗣卿也受命以求師將社稷是衛而惰弃君命也不亾何爲將事致君命也幹如木之有幹基如屋之有基郤克爲晉景公上卿錡其子也故云先君之嗣卿杜預氏云爲十七年晉殺郤錡傳○三月公如京師宣伯欲賜請先使王以行人之禮禮焉孟獻子從王以爲介而重賄之公及諸侯朝王遂從劉康公成肅公會晉侯伐秦欲賜欲王賜己也以行人禮不加厚也介輔相威儀者獻子相公以禮故王重賂之劉成二公皆王卿晉伐秦請師於王故成公旣朝王遂從二公會晉侯成子受脤于社不敬成子即肅公周將出兵祭于社受脤受祭祀之胙肉也劉子曰吾聞之民受天地之中以生所謂命也是以有動作禮義威儀之則以定命也能者養之以福不能者敗以取禍是故君子勤禮

小人盡力勤禮莫如致敬盡力莫如敦篤敬在養神篤在守業國之大事在祀與戎祀有執膰戎有受脤神之大節也今成子惰弃其命矣其不反乎劉子即康公中理氣之正也命稟賦也則即有物有則善於其則而天之命我者斯固所謂定命也能守此道則命得其養而有壽考之福不能此此道則命敗壞而取夭札之禍所以在上君子勤禮以臨民在下小人盡力以事上勤禮必致敬敬之事在養其神明之舍盡力必敦篤篤之事在守其其職業之常位雖不同其於定命一也膰脤皆胙肉因祀戎而異其名也神交神也神惠下臨故云大節今成子受脤不敬則是不能養神而勤禮弃天地之命而無以定之矣以此知其不能反役而死也杜預氏云爲夏夏成肅公卒于瑕張本(脤)上聲(膰)音煩

○夏四月戊午晉侯使呂相絕秦曰昔逮我獻公及穆公相好戮力同心申之以盟誓重之以昏姻

天禍晉國。文公如齊。惠公如秦。無祿。獻公卽世。穆公不忘舊德。俾我惠公用能奉祀于晉。又不能成大勳。而爲韓之師。亦悔于厥心。用集我文公。是穆之成也。呂相魏錡之子十一年秦晉盟于令狐秦桓公歸而叛盟故晉厲公使呂相宣己之命數其罪而絕之逮及也獻公晉獻公穆公秦穆公二公爲盟不見經傳獻公之女嫁穆公爲夫人在僖四年故云昏姻驪姬之難文公如齊在僖十七年惠公如秦在僖九年無祿言不幸而不得享福祿也卽就也世卒而爲一世也獻公卒在僖九年秦納惠公在僖十年自後秦不能成其始終之功與我晉戰于韓獲惠公在僖十五年穆公亦悔于心用能安定我文公而納之于晉在僖二十四年凡此皆穆公之成功于晉也文公躬擐甲冑。跋履山川。踰越險阻。征東之諸侯。虞夏商周之胤。而朝諸秦。則亦既報舊德矣。擐貫也草行爲跋踰越過也難下曰險難上曰阻征猶召也秦居西方故以諸侯爲東亂後嗣也還音患跋蒲末反鄭人怒君之疆埸我文公帥諸侯及秦圍鄭秦大夫不詢于我寡君擅及鄭盟諸侯疾之將致命于秦文公恐懼綏静諸侯秦師克還無害則是我有大造于西也僖三十年鄭貳于楚故文公與秦圍之其實鄭未嘗侵秦又無諸侯之師蓋文致之辭詢謀也當時穆公背晉擅與鄭盟而戍鄭稱秦大夫不欲斥指秦伯也致命于秦致死命而討秦也其實當時諸侯無致命之事亦文致之詞造成也言晉有成功于秦也無祿文公即世穆爲不弔蔑死我君寡我襄公迭我殽地奸絕我好伐我保城殄滅我費滑散離我兄弟撓亂我同盟傾覆我國家我襄公未忘君之舊勳而懼社稷之隕是以有殽之師文公即世

在僖三十二年不弔不見弔閔也蔑輕易也言以文公已死而輕易之寡弱也言以襄公寡弱而陵忽之迭侵突也時穆公欲潛師以襲鄭道過晉之殽地奸犯絕斷也伐保城事經傳無所考費即滑國都時秦兵襲鄭無功乃滅滑而還兄弟謂滑同盟謂鄭傾覆國家言滅滑圍鄭是欲傾覆我之國家也舊勳即舊德攻秦兵于殽在僖三十三年猶願赦罪于穆公。穆公弗聽。而即楚謀我。天誘其衷。成王隕命。穆公是以不克逞志于我。穆襄即世。康靈即位。康公我之自出。又欲闕翦我公室。傾覆我社稷。帥我蝥賊。以來蕩搖我邊疆。我是以有令狐之役。襄公既敗秦師猶願解怨於穆公穆公不肯釋憾而就楚謀我蓋文十四年秦使聞克歸楚求成也文元年楚弑成王逞快也文六年晉襄秦穆皆卒康秦康公靈晉靈公康公伯姬之子晉之甥也闕猶屈也翦截斷也食禾根曰蝥食禾節曰賊以喻納公子雍也在文七年然子雍之來晉

自召之非秦之罪亦文致之辭耳康猶不悛入我河
秦兵于令狐在文七年盩音舟
曲伐我涑川俘我王官翦我羈馬我是以有河曲之
戰悛改也入河曲在文十二年涑川水名俘虜也王
官羈馬皆地名伐涑川俘王官經傳無所考戰于
河曲在文十二年東道之不通則是康公絕我好也
悛七全反涑音速
及君之嗣也我君景公引領西望曰庶撫我乎君亦
不惠稱盟利吾有狄難入我河縣焚我箕郜芟夷我
農功虔劉我邊垂我是以有輔氏之聚東道晉自謂
君嗣謂秦桓
公撫恤也惠加惠也稱盟稱晉望而共盟也宣十五
年晉滅赤狄其年秦伐晉焚火攻也箕郜二邑名芟
除夷傷也農功禾稼也虔劉皆殺也聚衆師也君亦
晉敗秦兵于輔氏在宣十五年稱難並去聲
悔禍之延而欲徼福于先君獻穆使伯車來命我景

公曰吾與女同好弃惡復脩舊德以追念前勳言誓未就景公即世我寡君是以有令狐之會延長也獻穆晉獻秦穆也伯車秦桓公子晉景公即世在十年寡君厲公也厲公與秦桓公盟于令狐在前十一年杜預氏云申厲公之命宜言寡人稱君誤也君又不祥背弃盟誓白狄及君同州君之仇讎而我昏姻也君來賜命曰吾與女伐狄寡君不敢顧昏姻畏君之威而受命于吏君有二心於狄曰晉將伐女狄應且憎是用告我祥善也言萌不善之心也及與也白狄與秦皆屬雍州乃必爭之地昏姻謂季隗本廧咎如赤狄之女白狄伐而獲之納諸文公蓋昏姻之國也憎惡也秦本約晉伐狄而反告狄以晉欲伐之故白狄知秦之行詐口雖應命而心實惡之是用以秦之間言告我此言秦背盟而召狄伐晉女音汝楚人惡君之二三其德

也亦來告我曰秦背令狐之盟而來求盟于我昭告昊天上帝秦三公楚三王曰余雖與晉出入余唯利是視不穀惡其無成德是用宣之以懲不壹二三其德言不定也昭告以下三句述秦桓公盟楚之辭秦三公穆公康公共公也楚三王成王穆王莊王也出入猶往來也唯利是視言不誠心與晉也不穀楚王自謂宣告示也不壹即二三也背楚會晉之辭此言秦背盟而召楚伐晉諸侯備聞此言斯是用痛心疾首暱就寡人寡人帥以聽命唯好是求君若惠顧諸侯矜哀寡人而賜之盟則寡人之願也其承寧諸侯以退豈敢徼亂君若不施大惠寡人不佞其不能以諸侯退矣敢盡布之執事俾執事實圖利之疾亦痛也暱親也承寧承君之意以寧靜

諸侯也微要也秦桓公既與晉厲公爲令狐之盟而又召狄與楚欲道以伐晉諸侯是以睦於晉皆惡秦之無信所以親睦於晉晉辭多誣惟既盟令狐而召狄與楚伐晉三事爲實故傳舉言以實秦罪晉欒書將中軍荀庚佐之士燮將上軍郤錡佐之韓厥將下軍荀罃佐之趙旃將新軍郤至佐之郤毅御戎欒鍼爲右孟獻子曰晉師乘和師必有大功郤毅郤至弟欒鍼欒書子帥軍帥乘車上言上下和睦也五月丁亥晉師以諸侯之師及秦師戰于麻隧秦師敗績獲秦成差及不更女父麻隧秦地經不書敗績闕漏也不更秦官名成差女父皆秦大夫更音庚女音汝○季本氏曰厲公初立銳意報秦欲集人心則善魯以厚其禮欲資兵力則乞師以卑其辭經營二三年間亦惟伐秦一事而已然而內無用賢厚本之政外失

反巳息爭之方而徒欲以威制强國卒亦何以服楚哉　曹宣公卒于師。師遂濟涇。及侯麗而還。迓晉侯于新楚。涇水名。侯麗新楚皆秦地。迓迎也。既戰晉侯止新楚。故諸侯之師還過新楚迎之以歸　成肅公卒于瑕。終劉子之言。瑕晉地。○

附錄　六月。丁卯夜。鄭公子班自訾求入于大宮。不能殺子印子羽。反軍于市。訾鄭地。大宮鄭祖廟。十年班出奔許。今欲還爲亂。故自訾求入鄭祖廟。子印子羽皆穆公子。市謂國市。〔訾〕子斯反。〔大〕音泰　巳巳。子駟帥國人盟于大宮。遂從而盡焚之。殺子如子駹孫叔孫知。子駟穆公子。焚謂燒其市。子如卽公子班。子駹班弟。孫叔班子。孫知駹子。〔駹〕武邦反　○曹人使公子負芻守。使公子欣時逆曹伯之喪。秋。負芻殺其大子而自立也。負芻欣時皆曹宣公庶子。守守國也　諸侯乃請討之。晉人以其役之勞。請侯他年。役謂伐秦之役。○愚按討逆覇者事。制諸侯既請之乎而乃曰請侯他年有如負芻君國踰年而人心已戴之爲君也豈非晉之遂成其惡也耶他日侯其來會而盟而後執之非覇討矣

冬。葬曹宣公。既葬。子臧將亡。國人皆將從之。成公乃懼。告罪。且請焉。乃反。而致其邑。子臧即公子欣時國人素附子臧且不義負芻故將從子臧而亡成公負芻也請留子臧子臧乃反曹國而致其所食之邑於成公義不食其祿也杜預氏云爲十五年執曹伯傳

經甲申十有四年。春。王正月。莒子朱卒。無傳○夏。衛孫林父自晉歸于衛。晉受衛國逋逃又强歸之故書自晉歸○秋。叔孫僑如如齊逆女。成公逆夫人最爲得禮而經無納幣者文闕絕也○鄭公子喜帥師伐許。○九月。僑如以夫人婦姜氏至自齊。婦有姑之稱

○冬十月庚寅衛侯臧卒○秦伯卒無傳

傳十四年春衛侯如晉晉侯強見孫林父焉定公不可衛林父奔晉在七年強見欲歸之也[強]其丈反夏衛侯既歸晉侯使郤犨送孫林父而見之衛侯欲辭定姜曰不可是先君宗卿之嗣也大國又以爲請不許將亾雖惡之不猶愈於亾乎君其忍之安民而宥宗卿不亦可乎衛侯見而復之定姜定公夫人孫氏出自武公故云宗卿違大國必見伐故云亾不徼晉伐爲安民赦林父罪爲宥宗卿復復其位也[惡]去聲衛侯饗苦成叔甯惠子相苦成叔傲甯子曰苦成家其亾乎古之爲享食也以觀威儀省禍福也故詩曰兕觥其觩旨酒思柔彼交匪傲萬

福來求今夫子傲取禍之道也。成叔即郤犨惠子甯殖也相佐禮也傲不敬也省察也謙則受福滿則受禍故可以察福禍詩小雅桑扈篇觩角曲貌言以兕角爲飲酒之觩而飲其美之酒則思柔順其德彼交於事而不惰傲雖無事於求福而萬福自來求已也杜預氏云爲十七年郤氏亾傳俅音觵觥古横反○秋宣伯如齊逆女。稱族尊君命也。經書叔孫僑如以君命爲尊故稱族○八月鄭子罕伐許敗焉戊戌鄭伯復伐許庚子入其郛許人平以叔申之封。子罕即公子喜敗爲許所敗郛郭也四年鄭公孫申疆許田許人敗之不得定其封疆至是許以所封疆之田求和于鄭○九月僑如以夫人婦姜氏至自齊舍族尊夫人也。經但書僑如不稱叔孫以夫人爲尊故也○愚按前書叔孫僑如後書僑如自是書法省文劉氏所謂一事而兩見卒名之是已故君子曰春秋之稱微而顯志而晦婉而成章盡而不汙懲惡而勸善非聖人誰能脩之稱名稱也微隱志記也晦亦微也言春秋書名稱之法或其辭微以隱矣而其義則明以顯或約言以記其事而其義則深以晦或婉曲以示順而尤秩乎其成章或盡其事而悉書之而實粹乎其無汙凡善者以褒惡者以貶而勸懲之訓著故惟聖能之聖指孔子也

○衛侯有疾使孔成子甯惠子立敬姒之子衎以爲大子成子孔達之孫敬姒定公妾衎獻公也冬十月衛定公卒夫人姜氏既哭而息見大子之不哀也不内酌飲歎曰是夫也將不唯衛國之敗其必始於未亾人嗚呼天禍衛國也夫吾不獲鱄也使主社稷夫人姜氏即定姜獻公嫡母息止也痛憤不能食故不内酌飲夫夫賤者之稱夫人言此賤丈夫行無禮必從巳始下所謂暴妾使余是也鱄衎之母弟〔内〕音納〔鱄〕音專大夫聞之無不

聳懼。孫文子自是不敢舍其重器於衛。盡寘諸戚。而甚善晉大夫孫文子即林父重器寶器也戚孫氏邑文子盡置其寶器于私邑而極與晉大夫結好蓋知衛國有禍而欲倚以爲援也杜預氏云爲襄十四年衛侯出奔傳

春秋左傳註評測義卷之二十九終

春秋左傳註評測義卷之三十

明吳興後學凌稚隆輯著

成公四

經乙酉十有五年衛獻公秦景公元年春王二月葬衛定公無傳○三月乙巳仲嬰齊卒無傳嬰齊襄仲子公孫歸父弟也襄仲歸父本以東門爲氏及命嬰齊紹歸父之後改之曰仲氏○癸丑公會晉侯衛侯鄭伯曹伯宋世子成齊國佐邾人同盟于戚○晉侯執曹伯歸于京師○公至自會無傳○夏六月宋公固卒○楚子伐鄭○秋八月庚辰葬宋共公○宋華元出奔晉宋華元自晉歸于宋李廉氏云書奔晉者著其亾已出竟書自晉歸而後殺山者善其反

能討賊宋殺其大夫山山即陽澤宋魚石出奔楚魚石公子目夷曾孫

○冬十有一月叔孫僑如會晉士燮齊高無咎宋華元衛孫林父鄭公子鰌邾人會吳于鍾離稱吳不書爵夷之也言其會又會者大夫自相爲會然後與吳會也鍾離楚邑今南直隸鳳陽府境此經書會吳之始自是大夫自爲告會矣鰌音秋

○許遷于葉葉楚地葉音攝

【傳】十五年春會于戚討曹成公也執而歸諸京師書曰晉侯執曹伯不及其民也十二年曹宣公卒負芻殺其大子而自立至是晉侯始討而執之經書晉侯執曹伯不稱人以執者以曹伯惡不及民也凡君不道於其民諸侯討而執之則曰某人執某侯不然則否稱人示衆所欲執也不然謂身犯不義者不稱人以執如晉侯執曹伯是也○愚按負芻以庶子守國乃殺大子而

叅之以致國人不義舉欲隨子臧而亾民情大可見矣失而猶謂惡不及民乎胡傳以晉侯執得其罪故獨書爵足破左氏之謬○林堯叟氏曰稱晉侯執曹伯此爲討罪特筆不可以例爲據

諸侯將見子臧於王而立之子臧辭曰前志有之曰聖達節次守節下失節爲君非吾節也雖不能聖敢失守乎遂逃奔宋

志書也節猶分也聖達節謂聖人達於天命不拘常禮如舜禹受禪湯武革命之類次守節謂賢者自守巳分而不取如子臧季札之類下失節謂下愚不安巳分取非其禮如州吁無知之類子臧以巳是庶子不合有國故言爲君非吾常節也雖不能爲聖人之達節敢失其所守之常節如下愚所爲乎

○夏六月宋共公卒

杜預氏云爲下宋亂起

○楚將北師子囊曰新與晉盟而背之無乃不可乎子反曰敵利則進何盟之有

楚居南方將侵鄭衛故云北師子囊莊王子公子貞也晉楚盟在十二年

申

叔時老矣，在申，聞之，曰：子反必不免。信以守禮，禮以庇身，信禮之亾，欲免得乎？申叔時，楚大夫，時告老在申。言忠信之人可以學禮，故信所以守禮。人有禮則安，故有禮所以庇身。爲明年殺子反張本。楚子侵鄭，及暴隧，遂侵衛，及首止。暴隧，鄭地。首止，衛地。鄭子罕侵楚，取新石。子罕，鄭公子喜。新石，楚邑。欒武子欲報楚，韓獻子曰：無庸，使重其罪，民將叛之，無民孰戰？報楚以其侵鄭也。庸，用也。罪謂背盟數戰。杜預氏云：爲明年晉敗楚於鄢陵傳。○秋八月，葬宋共公。於是華元爲右師，魚石爲左師，蕩澤爲司馬，華喜爲司徒，公孫師爲司城，向爲人爲大司寇，鱗朱爲少司寇，向帶爲大宰，魚府爲少宰。蕩澤，蕩意諸子。華喜，華督玄孫。鱗朱，鱗矔孫。魚府，公孫友子。大宰，大音泰。蕩澤弱公室，殺公子肥。肥文公子蕩澤欲弱公室故先殺其枝黨華元曰。我爲右師。君臣之訓。師所司也。今公室卑而不能正。吾罪大矣。不能治官。敢賴寵乎。乃出奔晉。君臣之訓謂教訓君臣之道司主也不能正言不能正其典刑以討蕩澤也賴寵言賴其祿位也○孫應鰲氏曰蕩澤殺肥而華元欲討之可謂能守官者二華。戴族也。司城。莊族也。六官者。皆桓族也。華元華喜出戴公公孫師出莊公魚石蕩澤向爲人鱗朱向帶魚府皆出桓公魚石將止華元。魚府曰。右師反。必討。是無桓氏也。魚石曰。右師苟獲反。雖許之討。必不敢。且多大功。國人與之。不反。懼桓氏之無祀於宋也。右師討。猶有戌在。桓氏雖亡。必偏。魚府恐華元還討蕩澤并及桓族故云是無桓氏必不敢者畏桓族之強也華元大功如克合晉楚之成及刼子反以免宋圍之類華元不反恐國人必怨桓氏而滅其族故云無祀于宋向戌桓公曾孫猶有戌在言戌賢華元必不逐之偏不盡也魚石自止華元于河上請討許之乃反使華喜公孫師帥國人攻蕩氏殺子山喜師非桓族故使攻之書曰宋殺其大夫山言背其族也蕩氏以公族害公室故經去其族以絕之也魚石向爲人鱗朱向帶魚府出舍於睢上華元使止之不可冬十月華元自止之不可乃反睢水名五大夫畏同族罪及將出奔故先出次于睢上五子不止故華元還魚府曰今不從不得入矣右師視速而言疾有異志焉若不我納今將馳矣登丘而望之則馳騁而從之則決睢澨閉門登陴矣不得入不得復入宋也將馳將馳驅而去也澨水涯也魚府登丘而望華元果馳驅而去五大夫亦

騁而逐之欲與華元俱歸則華元已決睢水之涯閉宋城門登陴守禦矣遂市剽反左師二司寇。二宰遂出奔楚。華元使向戌爲左師。老佐爲司馬。樂裔爲司寇。以靖國人。老佐戴公五世孫魚石首惡春秋舉重書之餘不足記也○姜寶氏曰魚石之自止元于河上也畏其挾晉援以討而桓氏皆無祀於宋也其既許元討山而終不免於去也爲與山有親而嘗同惡恐見及也但所奔在楚而宋爲中國要樞正楚所欲爭卒致助魚石入彭城釀成他日之大禍則魚石之罪大矣○附錄晉三郤害伯宗。譖而殺之。及欒弗忌。伯州犁奔楚。三郤郤錡郤至郤犨也伯宗欒弗忌皆晉大夫伯州犁伯宗子韓獻子曰。郤氏其不免乎。善人。天地之紀也。而驟絕之。不亡何待。紀綱紀也既殺伯宗又及欒弗忌故云驟絕杜預氏云爲十七年晉殺三郤傳初伯宗每朝。其妻必戒之曰。盜憎主人。民惡其上。

子好直言。必及於難。言令人各欲自利如爲盗者反憎主人守物爲下者反惡上人敎巳故直言不利於人必及難也杜預氏云傳見雖婦人之言不可廢好惡難並去聲十一月。會吳于鍾離。始通吳也。吳始與中國接也○許靈公畏偪于鄭。請遷于楚。辛丑。楚公子申遷許于葉。

經丙戌十有六年。宋平公元年○春王正月。雨木氷。無傳正月今之仲冬末是盛寒雨水即着樹爲氷記寒之過節○夏四月。辛未。滕子卒。○鄭公子喜帥師侵宋喜穆公子罕○六月丙寅朔。日有食之。無傳○晉侯使欒黶來乞師。黶欒書子乞師將伐鄭也黶音黶○甲午晦。晉侯及楚子鄭伯戰于鄢陵。楚子鄭師敗績。鄢陵鄭地杜預氏云楚師未大崩以楚子傷目而退故書敗績○楚殺其大夫公子側。子反以背盟敗師故書名○秋公會晉侯齊侯衛侯宋華元邾人于沙隨不見公沙隨宋地今河南寧陵縣有沙隨城直書不見公不爲諱以明曲不在公也○公至自會無傳○公會尹子晉侯齊國佐邾人伐鄭尹子王卿士子爵也林堯叟氏云於是始以王臣與伐○曹伯歸自京師爲晉侯所赦故書歸○九月晉人執季孫行父舍之于苕丘苕丘晉地舍止也舍之苕丘明不以歸也苕音條○冬十月乙亥叔孫僑如出奔齊○十有二月乙丑季孫行父及晉郤犫盟于扈晉釋行父行父自苕丘與郤犫爲此會○公至自會無傳伐而以會致見公之不與於伐鄭也○乙酉刺公子偃刺殺也

傳十六年附錄春楚子自武城使公子成以汝陰之田

求成于鄭。鄭叛晉。子駟從楚子盟于武城。楚侵鄭不服乃賂以田成楚大夫汝水之南近鄭故以與鄭武城楚地杜預氏云爲晉伐鄭起○夏四月滕文公卒。○鄭子罕伐宋。宋將鉏樂懼敗諸汋陂。退舍於夫渠不儆。鄭人覆之。敗諸汋陵。獲將鉏樂懼。宋恃勝也。滕宋與國鄭因滕有喪而伐宋故經傳皆書於文公卒之後經言侵從告也傳言伐從實也樂懼戴公後將鉏樂氏族不儆不儆備也汋陂夫渠汋陵皆宋地宋恃汋陂之勝而不儆備故反爲鄭所敗〔鉏〕仕魚反〔汋〕音酌〔覆〕音福○附錄衛侯伐鄭。至于鳴鴈。爲晉故也。鳴鴈鄭地在今河南睢州境衛爲從晉故伐鄭○晉侯將伐鄭。厲公以鄭亂謀伐之范文子曰。若逞吾願。諸侯皆叛。晉可以逞。若唯鄭叛。晉國之憂可立俟也。逞快也晉可以逞謂生於憂患也憂可立俟謂死於安樂也葢謂厲公無道三郤驕橫若諸矦皆叛或者恐而修德故可以逞不然則否也　欒武子曰不可以當吾世而失諸矦必伐鄭言不可當吾執政之世而失諸矦必須伐鄭乃興師欒書將中軍士燮佐之郤錡將上軍荀偃佐之韓厥將下軍郤至佐新軍荀罃居守偃荀庚子不言新軍師者郤犨乞師未反也於是郤犨將新軍新上下軍皆罷矣　郤犨如衛遂如齊皆乞師焉欒黶來乞師孟獻子曰有勝矣奉命謙卑有禮故知其將勝○姜寶氏曰託魯最重而欒黶之執禮亦卑他國視魯以爲進退則魯公之不至晉怒獨重矣　○戊寅晉師起鄭人聞有晉師使告于楚姚句耳與往姚句耳鄭大夫與往告楚非奉使也杜預氏云爲先歸張本句古侯反與音預　楚子救鄭司馬將中軍令尹將左右尹子辛將右過申子反入見申叔時

曰師其何如。司馬子反令尹子重子辛公子壬夫也叔時老在申故子反過申見之師何如問楚兵之勝負也 對曰德刑祥義禮信戰之器也德以施惠刑以正邪詳以事神義以建利禮以順時信以守物民生厚而德正用利而事節時順而物成上下和睦周旋不逆求無不具各知其極故詩曰立我烝民莫匪爾極是以神降之福時無災害民生敦厖和同以聽莫不盡力以從上命致死以補其闕此戰之所由克也今楚内弃其民而外絶其好瀆齊盟而食話言奸時以動而疲民以逞民不知信進退罪也人恤所底其誰致死子其勉之吾不復見子矣器猶用也言有此六事乃可以戰如器用之不闕也詳與祥同古字通用言德所以施恩惠於民刑所以正邪僻之人事神得福而祥降物皆得宜而利生人有踐履則能順時而動人有誠信則能保守羣物人君用此道以撫下民惟德以施惠故民生富厚惟刑以正邪故民德歸正惟義以建利故民用自利惟祥以事神故祀事有節惟禮以順時故民時皆順惟信以守物故物皆成用如此則上下相親周旋不逆所求皆備下民各知至理之極無復二心矣詩周頌思文篇烝衆也爾指在上者極德之極至也蓋詩所謂德即德刑詳義禮之謂所謂極即民厚德正用利事節時順物成之謂也敦厚厖大也盡力謂供軍賦即求無不具也闕謂戰死行陣者即各知其極也今楚内弃其國之民不行施惠是無德也外絶隣國之好不得其利是無義也與晉結盟而褻瀆是無詳也與晉要言而自食之是無信也農事方興而奸時以動衆是無禮也罰人無罪而勞民以逞欲是無刑也如此則戰無其器下民進退皆恐得罪人人各憂其禍之將至其誰能致死而戰乎不復見子言必敗不反也奸音干底音旨

姚句耳先歸。子駟問焉。對曰。

其行速過險而不整速則失志不整喪列志失列喪將何以戰楚懼不可用也子駟以楚兵强弱爲問而句耳亦見楚有敗徵失志内無謀也喪列外無法也喪去聲五月晉師濟河聞楚師將至范文子欲反曰我僞逃楚可以紓憂夫合諸侯非吾所能也以遺能者我若羣臣輯睦以事君多矣武子曰不可紓緩也言我佯爲畏楚而避其兵庶幾君臣修省可以緩晉國之憂也不敢指言晉侯無德不足以服諸侯故謙言合諸侯非己所能也多者言所得亦多無事于戰也蓋知厲公無道君臣必不相容故言如此六月晉楚遇於鄢陵范文子不欲戰郤至曰韓之戰惠公不振旅箕之役先軫不反命邲之師荀伯不復從皆晉之耻也子亦見先君之事矣今我辟楚又

益耻也。文子曰。吾先君之亟戰也有故。秦狄齊楚皆彊。不盡力。子孫將弱。今三彊服矣。敵楚而已。唯聖人能內外無患。自非聖人。外寧必有內憂。盍釋楚以為外懼乎。鄢陵鄭地今為河南鄢陵縣僖十五年韓之戰晉惠公為秦所獲不能振旅而歸僖三十三年箕之戰先軫死於狄不能反命宣十二年邲之戰荀林父為楚所敗不能從師而遁亟數也三彊齊秦狄也言聖人安不忘危故雖外無敵國而內患亦不自生自非聖人則外之敵國既寧必致驕侈以生內憂何不釋楚勿與戰庶吾君外有所懼不至驕侈以召亂也從平聲辟音避彊音强

甲午晦。楚晨壓晉軍而陳。軍吏患之。范匄趨進曰。塞井夷竈。陳於軍中。而疏行首。晉楚唯天所授。何患焉。文子執戈逐之。曰。國之存亾。天也。童子何知焉。晦月終陰之盡兵家所忌

壓窄之使不得出也〔句〕文子子軍屯必鑿井結竈〔句〕欲吏塞之以列陳於中而復跡其前行之首蓋當陳前決開營壘為戰道也文子逐句之意蓋謂晉君勝楚則厲公必驕亢以召亂是天之速晉于亾也此即釋楚以為外懼之意〔陳〕音陣〔跡〕去聲〔句〕音盍〔行〕音杭

欒書曰。楚師輕窕。固壘而待之。三日必退。退而擊之。必獲勝焉。窕亦輕也〔窕〕音挑

郤至曰。楚有六閒。不可失也。其二卿相惡。王卒以舊。鄭陳而不整。蠻軍而不陳。陳不違晦。在陳而囂。合而加囂。各顧其後。莫有鬭心。舊不必良。以犯天忌。我必克之。

閒隙也二卿子重子反也囂喧譁也言二卿不相和睦一閒也王之親兵罷老不汰二閒也鄭師侵楚雖成陳而不整齊三閒也蠻夷從楚雖成軍而不結陳四閒也晦日陰盡兵家所忌而楚不之避五閒也楚軍在陳喧譁既合益甚士卒各顧其後莫有戰鬭之心六閒也良精兵也言王卒以舊必非精兵陳不違

晦必犯天忌此又於六閒中舉其最者而重言之閒去聲囂許驕反楚子登巢車以望晉軍。子重使大宰伯州犁侍于王後。王曰。騁而左右何也。曰。召軍吏也。皆聚於中軍矣。曰。合謀也。張幕矣。曰。虔卜於先君也。徹幕矣。曰。將發命也。甚囂且塵上矣。曰。將塞井夷竈而為行也。皆乘矣。左右執兵而下矣。曰。聽誓也。戰乎。曰。未可知也。乘而左右皆下矣。曰。戰禱也。伯州犁以公卒告王。巢車車上有櫓可遠望者州犁晉伯宗子前年以三郤殺伯宗奔楚聘告也凡曰曰者皆州犁荅君之言虔敬也敬卜軍事於晉先君也乘乘車也左將帥右軍右誓發令也戰禱將戰而禱請于神也公晉侯也州犁知晉情故以晉兵事告楚王大音泰行音杭苗賁皇在晉侯之側。亦以王卒告。皆曰。國士在。且厚。不可當也。苗賁皇言於晉侯曰。楚之良。在其中軍。王族而已。請分良以擊其左右。而三軍萃於王卒。必大敗之。賁皇楚鬬椒子宣四年以椒亂奔晉食邑于苗知楚情故亦以楚兵事告晉蓋晉楚各以彼國亾臣爲謀主也國士謂州犂厚衆多也晉侯左右皆以州犂在楚知晉之情且謂楚衆多故憚合戰與賁皇意異萃集也賁皇言楚惟中軍王族之兵精其左右軍皆非精者請分楚精兵爲二陳先擊其左右候左右敗而合三軍其擊王卒楚必大敗〔賁〕音焚 公筮之。史曰。吉。其卦遇復䷗曰。南國蹙。射其元。王中厥目。國蹙王傷。不敗何待。公從之。震下坤上復六爻不變南國蹙以下其卜辭也復陽長之卦陽氣起子南行推陰故云南國蹙陽氣激南飛矢之象故云射其元南國勢蹙則離受其咎離爲諸侯又爲目故云王中厥目〔蹙〕子六反〔射〕音石中去聲 有淖於前。乃皆左右相違於淖。步毅御晉厲公欒鍼爲右彭名御楚共王潘黨爲右石首御鄭成公唐苟爲右欒范以其族夾公行陷於淖欒書將載晉侯鍼曰書退國有大任焉得專之且侵官冒也失官慢也離局姦也有三罪焉不可犯也乃掀公以出於淖 淖泥也有泥在晉行首也違避也步毅郤毅彭名楚大夫石首鄭大夫欒范二族强故夾公左右車陷於泥欒書將以已車載厲公以行欒鍼書之子鍼在君前故名其父而使之退大任謂元帥言書既當大任焉得盡專之身復爲戎御且載公爲侵官冒犯之罪去將而御爲失官有怠慢之罪遠其部曲爲離局有姦邪之罪一舉而有三罪不可犯此舉也掀掀舉也捧轂舉之而出淖也淖乃孝反〔掀〕音軒 癸巳潘尫之黨與養由基蹲甲而射之徹七札焉以示王曰君有二臣如此何憂於戰王怒曰大辱

國。詰朝爾射。死藝。蹲聚也甲一葉爲一札聚空甲而射之一發七札皆透言其能陷堅也辱國賤其不尚知謀也詰朝猶明朝言女以射自多必當以射藝死〔尪〕烏黃反〔蹲〕音存呂錡夢射月。中之退入於泥。占之曰。姬姓日也。異姓月也。必楚王也。射而中之。退入於泥。亦必死矣。及戰。射共王。中目。王召養由基。與之兩矢。使射呂錡。中項。伏弢。以一矢復命。呂錡即魏錡姬姓尊日象異姓卑月象錡自入泥亦死象也弢弓衣也伏于弓衣而死皆符其夢〔射〕音石〔中〕去聲〔弢〕音叨郤至三遇楚子之卒。見楚子必下。免冑而趨風。楚子使工尹襄問之以弓。曰。方事之殷也。有韎韋之跗注。君子也。識見不穀而趨。無乃傷乎。郤至見客。免冑承命。曰。君之外臣至。從寡君之戎事。

以君之靈。間蒙甲胄。不敢拜命。敢告不寧君命之辱

爲事之故。敢肅使者。三肅使者而退。趨風趨疾如風也遺人物曰問事戰事也殷盛也韎赤色也韋熟皮也跗注戎服也以赤色之皮爲之若袴而屬於跗與跨相連著此服者乃君子人也此人似識我者每見我必疾趨如風然恐其傷也客即工尹襄郤至晉卿故稱君外臣至君楚君也間猶近也禮介者不拜介甲也肅手至地也言我從晉君之兵事以楚君威靈之故蒙胄甲胄於身故不敢拜君命敢告於楚君云以君辱賜命故不敢自安非有傷也爲有軍事之故不獲荅君命但肅使者而已【韎】音昧【跗】音膚○愚按此與宣十二年晉楚戰于邲楚樂伯射麋麗龜獻諸鮑癸晉魏錡取一麋獻潘黨其事畧同

晉韓厥從鄭伯。其御杜溷羅曰。速從之。其御屢顧。不在馬。可及也。韓厥曰。不可以再辱國君。乃止。郤至從鄭伯。其右茀翰胡曰。諜輅之。余從之乘。

而俘以下。郤至曰傷國君有刑。亦止。從逐也上御韓厥之御下御鄭伯之御不在馬心不在御馬也三年鞌之戰韓厥已辱齊侯故云不可再辱諜間諜也輅迎也俘執也翰胡欲遣間諜輕兵迎鄭伯以距其車前使鄭伯輕兵不復顧後我得自後執鄭伯以下車也〔翰〕音韓〔輅〕音迓

石首曰衛懿公唯不去其旗。是以敗於熒。乃內旌於弢中。唐苟謂石首曰子在君側。敗者壹大。我不如子。子以君免。我請止。乃死。熒戰在閔二年旌謂鄭伯所建之旗壹大謂大崩也言石首爲御在君之側而軍大敗我爲車右與爲御不同故首當御君以退我請止此死戰

楚師薄於險。叔山冉謂養由基曰雖君有命。爲國故子必射。乃射。再發盡殪。叔山冉搏人以投。中車。折軾。晉師乃止。囚楚公子茷。時楚即追於險爲晉所困山冉楚人命即詰朝死藝之命殪死

也山冉以手搏晉人投中晉人之車而折其軾晉人畏二人之能乃止不追爲郤至見譖張本〔爲〕去聲〔中〕去聲欒鍼見子重之旌請曰楚人謂夫旌子重之麾也彼其子重也日臣之使於楚也子重問晉國之勇臣對曰好以衆整曰又何如臣對曰好以暇今兩國治戎行人不使不可謂整臨事而食言不可謂暇請攝飲焉公許之使行人執榼承飲造于子重曰寡君乏使使鍼御持矛是以不得犒從者使某攝飲子重曰夫子嘗與吾言於楚必是故也不亦識乎受而飲之免使者而復鼓旦而戰見星未已子重爲令尹故執旌以麾日謂往日好以衆整好以整齊師衆爲勇也好以暇雖急遽之中好以閑暇爲勇也衆難於整整則信使可通臨敵

閑暇則前言自憶今晉不假使於楚是爲不整臨兵事而銷食前日整暇之言是爲不暇攝代也請代已往飲子重以實整暇之言㮴飲器承奉御侍也夫子指欒鍼言卽整暇之言識知也言吾巳識得此意免脫也〔好〕去聲〔㮴〕堪入 子反命軍吏察夷傷。補卒乘。繕甲兵。展車馬。雞鳴而食。唯命是聽。金創爲夷補補死亾也繕治也展閱也唯命是聽明日復欲戰也 晉人患之。苗賁皇徇曰。蒐乘補卒。秣馬利兵。脩陳固列。蓐食申禱。明日復戰。乃逸楚囚。蒐索也秣穀馬也固堅也蓐食食於寢蓐也申重也逸囚欲使之聞也〔陳〕音陣 王聞之。召子反謀。穀陽豎獻飲於子反。子反醉而不能見。王曰。天敗楚也夫。余不可以待。乃宵遁。穀陽子反内豎不可以待言不可坐待其敗也 晉入楚軍。三日穀。范文子立於戎馬之前。曰。君幼。諸臣不佞。何以及此。君其戒之。周書曰。惟命不于常。有德之謂。

穀食楚粟三日伎才也戒之謂不可恃勝而驕也周書康誥篇言勝無常命惟德是與文子執戈逐子之意正在于此○愚按鄢陵之勝可與城濮同功然而厲公之覇業遂替者何也一勝之後無以居之如聽僑如之譖而拒魯公執行父聽公子茷之譖而殺三郤及不爲晉國之福也范文子蓋知之矣

楚師還。及瑕。王使謂子反曰。先大夫之覆師徒者。君不在。子無以爲過。不穀之罪也。子反再拜稽首曰。君賜臣死。死且不朽。臣之卒實奔。臣之罪也。

瑕楚地言子玉敗城濮時楚成王不在軍故引以爲已過今王自在軍子無以爲已之過然實以責子反也

子重使謂子反曰。初隕師徒者。而亦聞之矣。盍圖之。對曰。雖微先大夫有之。大夫命側。側敢不義。側亡君師。敢忘其死。

王使止之弗及而卒。而歿也聞謂聞子王自殺之事微無也大夫謂子重側子反名子反言假使無先大夫自殺之事大夫以義責已已敢不以義自裁今已實有亡師之罪不敢自忘其死傳終二卿相惡之言○愚按楚共身在行間且受矢迺歸咎于側而殺之亦異於秦繆之不替孟明者矣雖然終春秋之世楚兵實强於天下其亦以賞罰行哉○戰之日。齊國佐高無咎至于師。衛侯出于衛。公出于壞隤。戰之日謂戰于鄢陵之日無咎高固子壞隤魯邑齊衛魯皆後戰期晉獨勝楚隤音頹宣伯通於穆姜。欲去季孟而取其室。將行。穆姜送公。而使逐二子。公以晉難告。曰。請反而聽命。姜怒。公子偃公子鉏趨過。指之曰。女不可。是皆君也。公待於壞隤。申宮儆備。設守而後行。是以後使孟獻子守于公宮。宣伯即叔孫僑如穆姜成公母季孟季文子孟獻子也穆姜淫於宣伯欲取季孟二家以益之公不得已托晉難以緩其事公子偃公子鉏皆成公庶弟女謂成公穆姜指二公子而謂成公曰女若不堪為君此二人皆可以為君者其意蓋言欲廢公也成公懼乃待於壞隤申令公宮儆戒預備設居守之官而後行是以後於戰期此申明所以出于壞隤之故〔難〕去聲〔女〕音汝

秋。會于沙隨。謀伐鄭也。宣伯使告郤犫曰。魯侯待于壞隤以待勝者。郤犫將新軍。且為公族大夫。以主東諸侯。取貨於宣伯。而訴公于晉侯。晉侯不見公。鄭雖敗猶未服故謀伐之以待勝者言欲觀晉楚之勝負以待勝而從之東諸侯即齊魯之屬訴譖也

○附錄

曹人請于晉曰。自我先君宣公即世。國人曰。若之何憂猶未弭。而又討我寡君。以亡曹國社稷之鎮公子。是大泯曹也。先君無乃有罪乎。若有罪。則

君列諸會矣。君惟不遺德刑以伯諸侯，豈獨遺諸敝邑。敢私布之。宣公即世在十三年頭息也時負芻殺大子而自立宣公既葬國人皆將從子臧所謂憂未息也鎮公子謂子臧前年晉侯執曹伯諸侯欲立子臧而子臧逃奔宋沮滅也言曹君既執而賢公子又以是大沮滅曹之社稷也得無以先君有罪而致然乎若以今君有罪而討之則去年會于戚曹伯已同盟矣蓋諸侯雖有篡弒之罪侯伯既與之同盟則不復討故曹人以為無罪遺失也言何獨以執曹君之故而失德刑於鄙邑也杜預氏云為曹伯歸不以名告傳 ○七月。公會尹武公及諸侯伐鄭。將行。姜又命公如初。公又申守而行。諸侯之師次于鄭西。我師次于督揚。不敢過鄭。姜即穆姜復命成成公逐季孟成公亦復申宮設守而行督揚鄭東地畏鄭強故不敢過鄭 子叔聲伯使叔孫豹請逆于晉師。為食於鄭郊。師逆以至。聲伯四日不食以待之食使者而後食豹叔孫僑如弟先慮僑如之禍奔齊聲伯知其賢不忘宗國故使豹請晉以師來逆聲伯爲豹設食於鄭之郊戒其使者必須所逆晉師至方食晉逆四日不至聲伯亦四日不食以待之及至聲伯又先食豹之使者然後自食蓋言聲伯忠也食使並去聲其

諸侯遷于制田知武子佐下軍以諸侯之師侵陳至于鳴鹿遂侵蔡未反諸侯遷于潁上戊午鄭子罕宵軍之宋齊衛皆失軍制田在滎陽東今河南汜水縣舊有制澤蓋諸侯伐鄭之師遷屯於此知武子荀罃也鳴鹿陳邑今爲河南鹿邑縣侵陳蔡經不書公不與也宵軍之以兵夜攻諸侯之軍也失軍將主與軍相失也

○曹人復請于晉晉侯謂子臧反吾歸而君子臧反曹伯歸子臧盡致其邑與卿而不出前年子臧奔宋晉侯以曹人重子臧故令曹反之不出不出仕也

○宣伯使告

郤犫曰魯之有季孟猶晉之有欒范也政令於是乎成今其謀曰晉政多門不可從也寧事齊楚有亾而已蔑從晉矣若欲得志于魯請止行父而殺之我斃蔑也而事晉蔑有貳矣魯不貳小國必睦不然歸必叛矣宣伯知犫惡欒范故以季孟比謀季子孟謀政多門不由君也蔑無也此宣伯誣譖季子孟之辭因自言若欲使魯事晉請犫執季文子而殺之我自殺蔑蔑即孟獻子也季孟既去我之事晉無有二心矣且魯既事晉則其他小國皆和睦而同事晉如其不然季文子歸魯必叛晉矣時季文子從成公在晉孟獻子留守公宮故言如此九月晉人執季文子于苕丘公還待于鄆使子叔聲伯請季孫于晉鄆魯西邑公羊傳云成公將會厲公會不當期將執公季孫行父曰臣有罪執其君子有罪執其父此聽失之大者也今此臣之罪也舍臣之身而執臣

之君吾恐聽失之爲宗廟羞也於是執季孫行父郤犨曰苟去仲孫蔑而止季孫行父吾與子國親於公室對曰僑如之情子必聞之矣若去蔑與行父是大弃魯國而罪寡君也若猶不弃而惠徼周公之福使寡君得事晉君則夫二人者魯國社稷之臣也若朝亡之魯必夕亡以魯之密邇仇讎亡而爲讎治之何及子國魯國也親於公室親魯甚於晉公室也情謂淫慝之情朝亡謂失蔑與行父魯必夕亡謂亡而屬他國也仇讎齊楚也言使魯國亡而屬於齊楚同爲晉仇讎之國魯雖欲治之恐無及矣郤犨曰吾爲子請邑對曰嬰齊魯之常隸也敢介大國以求厚焉承寡君之命以請若得所請吾子之賜多矣又何求郤犨欲使聲伯不救季子故欲

爲請邑以悅其心隷賤官敢不敢也介助也言不敢借助於晉國以求自厚也承奉也請謂請季子爲去聲

范文子謂欒武子曰季孫於魯相二君矣妾不衣帛馬不食粟可不謂忠乎信讒慝而弃忠良若諸侯何子叔嬰齊奉君命無私謀國家不貳圖其身不忘其君若虛其請是弃善人也子其圖之二君宣公成公也信讒慝謂受僑如之譖弃忠良謂執季孫之賢無私謂不受郤犨請邑不貳謂四日不食以堅事晉不忘其君總言辭邑不食皆先君而後身也稱衣去聲乃許魯平赦季孫○冬十月出叔孫僑如而盟之僑如奔齊時成公未歸使國人逐出僑如與諸大夫共盟以僑如爲戒○十二月季孫及郤犨盟于扈歸刺公子偃召叔孫豹于齊而立之七月聲伯使豹請逆於晉聞魯人將討僑如豹先奔齊至

是召豹立爲叔孫氏之後是爲穆叔○趙汸氏曰穆姜指偃與鉏曰是皆君也盖欲徼公使逐一家非眞有廢立之意季孫歸而殺偃遷怒也不及鉏鉏幼公不忌也○附錄

齊聲孟子通僑如使立於高國之閒僑如曰不可以再罪奔衛亦閒於卿聲孟子齊靈公之母宋女也高國齊二貴卿僑如自以淫於魯又淫於齊故云再罪杜預氏云傳亦終言僑如之佚○附錄

晉侯使郤至獻楚捷于周與單襄公語驟稱其伐單子語諸大夫曰溫季其亾乎位於七人之下而求掩其上怨之所聚亂之本也多怨而階亂何以在位夏書曰怨豈在明不見是圖將愼其細也今而明之其可乎單襄公周卿士伐功也溫至食邑季字至佐新軍位居八故云位於七人之下怨爲亂之階故云階亂夏書五子之歌言怨之不見猶以爲圖何況並稱己功其不任怨

乎爲明年晋殺三郤張本〈單〉音善

春秋左傳註評測義卷之三十終

左氏傳測義

自卅一
至卅三

春秋左傳註評測義卷之三十一

明吳興後學凌稚隆輯著

成公五

經丁亥十有七年春。衛北宮括帥師侵鄭。括衛成公曾孫○夏公會尹子單子晉侯齊侯宋公衛侯曹伯邾人伐鄭。○六月乙酉同盟于柯陵。柯陵鄭西地○秋。公至自會。○齊高無咎出奔莒。○九月辛丑用郊。○晉侯使荀罃來乞師。無傳將伐鄭○冬。公會單子晉侯宋公衛侯曹伯齊人邾人伐鄭。○十有一月。公至自伐鄭。無傳○壬申。公孫嬰齊卒于貍脤。貍脤地闕貍力之反脤市軫反○十有二月丁

巳朔。日有食之。無傳○邾子䝞且卒。無傳䝞俱縛反且子餘反○晉殺其大夫郤錡。郤犨。郤至。○楚人滅舒庸。舒庸東夷國

傳十七年。春。王正月。鄭子駟侵晉虛滑。衛北宮括救晉侵鄭。至于高氏。虛滑晉二邑高氏鄭邑今河南鈞州有高氏亭○夏五月。鄭大子髡頑。侯獳爲質于楚。楚公子成。公子寅戍鄭。侯獳鄭大夫鄭畏晉故質于楚楚爲鄭備晉故戍鄭獳乃侯反公會尹武公單襄公及諸侯伐鄭。自戲童至于曲洧。晉未能服鄭故假天子之威會二卿以伐之戲童鄭地洧鄭水名今爲河南洧川縣戲音羲○附錄晉范文子反自鄢陵。使其祝宗祈死。曰。君驕侈而克敵。是天益其疾也。難將作矣。愛我者唯祝我。使我速死。無及於難。范氏之

福也。反還也祝人宗人主祭祀者文子使禱于神以求死杜預氏云傳言厲公無道故賢臣憂懼因禱自裁〔祝〕〔我〕音呪 六月。戊辰。士燮卒。○愚按何休氏云未聞死可祈也劉炫氏亦云士燮之卒適與此會非自殺也二說甚正 ○乙酉。同盟于柯陵。尋戚之盟也。盟戚在十五年以七國之衆加以王師而鄭猶未服故遂爲此盟 ○楚子重救鄭。師于首止。諸侯還。首止衛地諸侯方歛声鄭之罪以致伐而楚救已至畏其兵強乃還

○齊慶克通于聲孟子。與婦人蒙衣乘輦而入于閎。鮑牽見之。以告國武子。武子召慶克而謂之。慶克久不出。而告夫人曰。國子謫我。夫人怒。慶克慶封父齊大夫聲孟子靈公母蒙冐也與婦人相冐共乘一車宮中巷門曰閎鮑牽叔牙曾孫國武子齊執政命卿克以醜跡已露慙恧於家不得會夫人夫人以故怪之謫譴責也〔閎〕音宏 國子相靈公以會。高鮑

慶守。及還。將至。閉門而索客。孟子訴之曰。高鮑將不納君而立公子角。國子知之。會會伐鄭也高高無咎鮑鮑牽守謂守國高鮑以君將至故閉門蒐索奸人而孟子訴之以爲將不納靈公而別立角爲君國子實與知之角靈公弟也

秋七月。壬寅。刖鮑牽而逐高無咎。無咎奔莒。高弱以盧叛。齊人來召鮑國而立之。弱無咎子盧高氏邑今山東長清縣有盧城國鮑牽弟文子

初鮑國去鮑氏而來。爲施孝叔臣。施氏卜宰。匡句須吉。施氏之宰有百室之邑。與匡句須邑。使爲宰。以讓鮑國而致邑焉。施孝叔曰。子實吉。對曰。能與忠良。吉孰大焉。鮑國相施氏忠。故齊人取以爲鮑氏後。臣家臣卜宰卜立家宰也匡句須亦施氏家臣其宰舊有百室以爲祿句須以宰讓國不受其邑句

其俱反仲尼曰。鮑莊子之知不如葵。葵猶能衛其足。言葵傾葉向日以蔽其根牽居亂國無防身之衛以取刖足之禍其知不若葵也○愚按蒙衣乘輦恥孰甚焉鮑子世卿而不言則奚以正國矣雖刖足不爲病而仲尼顧短之歟竊疑凡稱仲尼者恐是左氏斷以已意而托爲之言大都與稱君子同例○冬。諸侯伐鄭。十月庚午。圍鄭。前夏諸侯未得志于鄭故復伐鄭○楚公子申救鄭。師于汝上。十一月。諸侯還。汝水名○汪克寬氏曰王官下臨諸侯景從以却巳敗之楚服懷貳之鄭宜若振槁然夏伐鄭楚師至而諸侯還冬伐鄭楚師至而諸侯還望風却走何哉蓋厲公旣勝鄢陵驕佚放恣是以諸侯無同心戮力之誠鄭不畏而楚益肆爾有嗣伯之責而以無道行之惜哉○初聲伯夢涉洹。或與己瓊瑰食之。泣而爲瓊瑰。盈其懷。從而歌之曰。濟洹之水。贈我以瓊瑰。歸乎歸乎。瓊瑰盈吾懷乎。

懼不敢占也還自鄭壬申至于貍脤而占之曰余恐
死故不敢占也今衆繁而從余三年矣無傷也言之
之莫而卒洹水名在今河南林縣境瓊玉瑰珠也食珠玉有死而含之象泣爲瓊瑰泣下皆化
爲珠玉也盈滿也濟洹以下四句夢中之歌還自鄭從公伐鄭而還也繁多也言衆人繁多又從我已三
年矣我之凶夢散在衆人故今占之必無害也杜預氏云傳戒數占夢莫暮同○附錄齊侯使
崔杼爲大夫使慶克佐之帥師圍盧國佐從諸侯圍
鄭以難請而歸遂如盧師殺慶克以穀叛齊侯與之
盟于徐關而復之十二月盧降使國勝告難于晉待
命于清圍盧討高弱也國佐疾慶克淫亂故以難請歸而殺克齊侯謀殺國佐恐其據邑佯與盟
而復其位至盧降又使國佐之子勝以高氏難告晉覊之清邑以孤弱之清齊地今爲山東肥城縣杜預

氏云爲明年殺國佐傳○晉厲公侈。多外嬖。反自鄢陵。欲盡去群大夫。而立其左右。外嬖愛幸大夫左右即外嬖胥童以胥克之廢也。怨郤氏。而嬖於厲公。郤錡奪夷陽五田。五亦嬖於厲公。郤犨與長魚矯爭田。執而梏之。與其父母妻子同一轅。既矯亦嬖於厲公。胥童胥克之子與夷陽五長魚矯皆嬖於厲公宣八年郤缺廢胥克梏械也同一轅係之同一車轅也既卒事也欒書怨郤至以其不從己而敗楚師也。欲廢之。使楚公子茷告公曰。此戰也。郤至實召寡君。以東師之未至也。與軍帥之不具也。曰此必敗。吾因奉孫周以事君。公告欒書。書曰。其有焉。不然。豈其死之不恤。而受敵使乎。君盍嘗使諸周而察之。郤至聘于周。欒書使孫周見之。公使覘之信。遂怨郤至。鄢陵之戰郤至言楚有六間以取勝故欒書怨至楚公子茷即鄢陵所獲者故書令其譖言於厲公東師謂齊魯衛之師時荀罃佐下軍居守郤犨將新軍乞師故云軍師不具孫周晉襄公曾孫悼公也時在周君謂楚此書令公子茷謬為郤至之言鄢陵戰時楚子問至以弓至受之故云受敵使書蓋指以証其事楚之實也嘗試覘伺也書欲厲公信茷之言故謬使諸周以察其有無及至使周則書已私使孫周見之所以厲公伺之而信茷之言也【茷】音吠【使】去聲【覘】音占

厲公田。與婦人先殺而飲酒。後使大夫殺郤至奉豕。寺人孟張奪之。郤至射而殺之。公曰。季子欺余。田獵之禮尊者先殺厲公無道故先婦人而後大夫奉進于公也寺人奄士季子即郤至郤至奉公之豕為寺人所奪厲公反以至奪寺人之豕故云季子欺余【射】音石○愚按或謂郤氏矜功伐已取怨于衆理或有之觀其射殺孟張一

(事則可見也)厲公將作難。胥童曰。必先三郤。族大多怨。去大族不偪。敵多怨有庸。公曰。然。(作難謂盡去羣大夫不偪不偪害公室也庸功也[難]去聲)郤氏聞之。郤錡欲攻公。曰。雖死。君必危。郤至曰。人所以立。信知勇也。信不叛君。知不害民。勇不作亂。失茲三者。其誰與我。死而多怨。將安用之。君實有臣而殺之。其謂君何。我之有罪。吾死後矣。若殺不辜。將失其民。欲安得乎。待命而已。受君之祿。是以聚黨。有黨而爭命。罪孰大焉。(多怨即叛君害民作亂之謂言俱不免于死無用多其怨咎也安得言不得安于君位也黨私黨也言人臣受其君之祿故有餘財以養其私黨既有私黨乃用之而伐君以爭死命其罪孰大于此[知]音智)壬午。胥童夷羊五帥甲八百將攻郤氏。長魚矯請無用衆。公使清沸魋助之。抽戈結衽而僞訟者。三郤將謀於榭。矯以戈殺駒伯苦成叔。於其位。溫季曰。逃威也。遂趨。矯及諸其車。以戈殺之。皆尸諸朝。清沸魋亦嬖人。衽裳際也。僞訟僞若二人將訟曲直於郤氏者。榭講武堂。駒伯即郤錡。苦成叔即郤犫。位所坐也。溫季即郤至。本意欲稟君命而死。見矯不以君命來。故欲避其兵威。遂趍去。而矯追及殺之。〔沸〕甫味反。〔魋〕音頹。胥童以甲劫欒書中行偃於朝。矯曰。不殺二子。憂必及君。公曰。一朝而尸三卿。余不忍益也。對曰。人將忍君。臣聞亂在外爲姦。在內爲軌。御姦以德。御軌以刑。不施而殺。不可謂德。臣偪而不討。不可謂刑。德刑不立。姦軌並至。臣請行。遂出奔狄。不忍盜不忍盜以二卿也御治也德以綏遠故治外亂以德刑以治近故治內亂以刑不施而殺謂三郤不施德而遽殺之臣偪而不討謂二卿偪害而不忍討之胥童恐爲欒中行所害故請行公使辭於二子曰寡人有討於郤氏郤氏既伏其辜矣大夫無辱其復職位皆再拜稽首曰君討有罪而免臣於死君之惠也二臣雖死敢忘君德乃皆歸辭辭謝也胥童巳刼書偃而辱之故慰撫之曰大夫無辱歸歸其私家也公使胥童爲卿公遊于匠麗氏欒書中行偃遂執公焉匠麗氏亦嬖大夫家○張治氏曰郤氏雖多怨然君之股肱也厲公不能正其有罪無罪而用嬖幸之計一朝殺三卿又刼欒書中行偃能無及乎春秋所以深罪之召士匄士匄辭召韓厥韓厥辭曰昔吾畜於趙氏孟姬之讒吾能違兵古人有言曰殺老牛莫之敢

尸。而況君乎。二三子不能事君。焉用厥也。畜養也孟姬即趙莊姬遠去也言厥少為趙盾所畜養及孟姬讒趙氏晉將討之而厥遠其兵難卒存趙氏言此者明已受恩必報食君之祿必不與于弒也事在八年尸主也此即子家畜老牛猶憚殺之之說○舒庸人以楚師之敗也。道吳人圍巢伐駕圍釐虺。遂恃吳而不設備。楚公子橐師襲舒庸。滅之道引也駕釐虺俱楚邑○高閌氏曰楚既推敗而其餘烈猶足以滅國使其得志于鄢陵則毒被華夏豈勝道哉[虺]以鬼反○附錄閏月。乙卯晦。欒書中行偃殺胥童。以其劫已故民不與郤氏。胥童道君為亂。故皆書曰晉殺其大夫。厲公以聽讒殺三郤而經不以無罪書書偃以私怨殺胥童而胥童受國討故傳解之言民不與郤氏郤氏有罪也胥童道君為亂胥有罪也故經並以國討為文

【經】戊子十有八年春王正月。晉殺其大夫胥童。傳在前年經在今春從告也○庚申晉殺其君州蒲。湛若水氏曰按左傳則弑厲公者欒書中行偃也而春秋誅之乃不以名而以國分其罪者何也穀梁謂君惡甚矣厲公盡去其羣大夫而用其嬖無道之甚弑之者雖書偃之爲乃國人之所同志也故書晉人使人考跡而觀知欲之者晉民而爲之者書偃也○愚按春秋誅心之大法豈有臣弑其君而曲爲隱諱分其惡於國人者耶孟子論貴戚之卿君有過則諫反覆之而不聽則易位厲公不道書偃將易置君位故執之于匠麗必有所以處厲公之地矣於是程滑因國人之怒而遂弑之蓋廢公者書偃之意而弑公非書偃意也傳言使程滑弑公恐是使字誤爾不然何仲尼誅趙許之嚴而於書偃獨畧如此學者當以經爲正○齊殺其大夫國佐。國武子也○公如晉。○夏楚子鄭伯伐宋。宋魚石復入于彭城。彭城宋邑今南直隸徐州○公至自晉。○晉侯使士匄來聘。○秋，杞伯來朝。○八月，邾子來朝。○築鹿囿。○己丑，公薨于路寢。○冬，楚人、鄭人侵宋。○晉侯使士魴來乞師。○十有二月，仲孫蔑會晉侯、宋公、衛侯、邾子、齊崔杼同盟于虛朾。諸侯同心懼楚而謀伐宋，故書同盟。虛朾，地闕。朾，他丁反。

○丁未，葬我君成公。

傳 十八年春王正月庚申，晉欒書、中行偃使程滑弒厲公，葬之于翼東門之外，以車一乘。程滑，晉大夫。翼，晉故都。古者諸侯葬車七乘，今以一乘，不以君禮葬也。使荀罃、士魴逆周子于京師而立之，生十四年矣。大夫逆于清原。周子即孫周。清原，晉地。周子曰：孤始願不及此，雖及此，豈非天乎！抑人之求君，使出命也。立而不從。將安用君。二三子用我今日。否亦今日。共而從君。神之所福也。對曰。羣臣之願也。敢不唯命是聽。（共而從君言敬而從君之命也。共音恭。○朱申氏曰悼公以幼弱之年初見諸大夫而其言懍然不可犯如此諸臣之踧踖者安得而不畏服也其復霸固宜）庚午盟而入館于伯子同氏。辛巳。朝于武宮。逐不臣者七人。（盟與諸大夫盟館舍也伯子同氏晋大夫家武宮武公之廟曲沃始命君也不臣謂夷羊五之屬○朱子曰悼公逐不臣者七人而不誅書偃非里克甯喜之比故也）周子有兄而無慧。不能辨菽麥。故不可立。（菽大豆也豆與麥易別而不能辨見其無慧傳著悼公所以立○）齊爲慶氏之難故。甲申。晦。齊侯使士華免以戈殺國佐于內宮之朝。師逃于夫人之宮。（國佐殺慶克在前年士華免齊大夫內宮夫人宫伏兵夫人宫恐不勝也書曰齊殺其大夫國佐。棄命專殺以穀叛故也棄命棄伐鄭之命而先歸也國佐本疾淫亂殺慶克罪不及死故傳明言其三罪○季本氏曰國佐書大夫則左氏所謂棄命專殺以穀叛者乃當時文致之辭也若夫怙權責直而爲人所忌則誠有之耳使清人殺國勝。國弱來奔。王湫奔萊。慶封爲大夫。慶佐爲司寇。既齊侯反國弱使嗣國氏禮也勝國佐子前年待命於清弱國勝弟來奔魯王湫國佐之黨封佐皆慶克子佐之罪不及不祀故立其後爲得禮○愚按慶克以淫亂被殺非過也乃殺其二子國子以忠忿殺人可議也且并殺其子刑賞如是宜乎慶封稔禍而敗歸陳氏也○附錄二月乙酉朔。晉悼公即位于朝悼公即周子厲公被殺而嗣絶故悼公即位之日施布政教與居喪即位其禮不同始命百官施舍。已責。逮鰥寡。振廢滯。匡乏困。救災患。禁淫慝。薄賦歛宥罪戾，節器用，時用民，欲無犯時。施謂施恩惠，舍謂舍勞役，已責謂止逋負，振廢滯謂振起舊德，匡亦救也，淫慝謂淫後慝惡者，欲無犯時謂不從私欲以奪農時。使魏相、士魴、魏頡、趙武爲卿。相，魏錡子；士魴，士會子；頡，魏顆子；武，趙朔子。此四人祖父皆有勞於晉國，故使爲卿。荀家、荀會、欒黶、韓無忌爲公族大夫，使訓卿之子弟共儉孝弟。荀家、荀會不詳其所出，黶，欒書子，無忌，韓厥子。國語謂荀家懷惠，荀會文敏，黶也果敢，無忌慎靖，故使爲公族大夫。職掌教訓，故使訓卿之子弟，令之恭敬孝弟。〔共〕音恭。使士渥濁爲大傅，使脩范武子之法。渥濁，士貞子。國語謂渥濁師志博聞而宣惠於教，使爲大傅。范武子爲景公大傅，作執秩之法，故使士貞子脩之。右行辛爲司空，使脩士蔿之法。辛即賈辛，將右行，因以爲氏。國語謂辛能以數宣物定功，使爲司空。士蔿，士會之祖，曾爲獻公司空，故使辛脩其法度。〔行〕音杭。弁糾御戎，校正屬馬。使訓諸御知義。弁糾即欒糾御公戎車國語謂糾能御以和于政使爲戎御校正主馬之官御戎爲諸御之表故使訓諸御者令知節義荀賓爲右司士屬焉使訓勇力之士時使。荀賓不詳其所出國語謂賓勇力而不暴使爲戎車之右司上車右之官戎右爲諸右之長故使訓勇力之士以供時之使卿無共御立軍尉以攝之。祁奚爲中軍尉。羊舌職佐之。魏絳爲司馬。張老爲候奄。鐸遏寇爲上軍尉。籍偃爲之司馬。使訓卒乘親以聽命。諸卿爲軍師者皆有戎御令無此官惟立軍尉之官臨有軍事使兼攝之戢羊舌大夫子絳魏犨子候奄中軍主斥候之官偃藉談之父國語謂祁奚果而不淫使爲中軍尉羊舌職聰敏肅給使佐祁奚魏絳勇而不亂使爲中軍司馬張老知而不許使爲候奄鐸遏共敬而信彊使爲上軍尉籍談悍帥舊職而共儉使爲上軍司馬使各教其士卒令之相親以聽在上之命程鄭爲乘馬御。六騶屬焉。使訓羣騶知禮。程鄭荀氏別族國語謂程鄭端而不淫好諫不隱使爲御乘車之僕六騶六閑之騶乘馬御掌駕官之長故使其教訓羣騶令知御車之禮凡六官之長。皆民譽也。舉不失職。官不易方。爵不踰德。師不陵正。旅不偪師。民無謗言。所以復霸也。魯成三年晉作六軍以六卿統之六官之長即六卿也譽望也舉長以見其餘又言其所舉用皆得其人而無失職其所居官皆守其業而不踰易其所授爵皆當其才而不踰德二千五百人爲師五百人爲旅正軍將命卿也師卑於正不敢陵偪其正旅卑於師不敢陵偪其師政事皆當於民心無謗讟之言晉之覇業至景厲而衰今悼公復能興之○林堯叟氏曰通言悼公之政未必皆在即位之年○公如晉。朝嗣君也。覇業復振故公首朝之○夏六月。鄭伯侵宋。及曹門外。遂會楚子伐宋。取朝郟。楚子辛鄭皇辰侵城郜。取幽丘。同伐彭城納朱魚石向爲人鱗朱向帶魚府焉以三百乘戍之而還曹門宋城門朝郟城幽丘皆宋邑彭城爲吴晋往來之道魚石等五人十五年叛宋奔楚今楚納之彭城以偪宋而毒吴晋經獨書魚石爲師告也郟音夾書曰復入以五大夫依阻大國而以兵威還故經書復入以深惡之凡去其國國逆而立之曰入復其位曰復歸諸侯納之曰歸以惡曰復入言凡諸侯大夫去其國出奔若身本無位本國迎而立之以繼人後書曰入若身本有位本國迎而復其位書曰復歸若他諸侯以言語告請而納之本國不論有位無位書曰歸若身爲戎首稱兵入伐害國殄民書曰復入杜預氏云此四者所以明外内之援辨逆順之辭通君臣取國有家之大例宋人患之西鉏吾曰何也若楚人與吾同惡以德於我吾固事之也不敢貳矣大國無厭鄙我猶憾不然而收吾憎使贊其

政。以間吾讐亦吾患也。今將祟諸侯之姦而披其地以塞夷庚。逞姦而攜服。毒諸侯而懼吳晉。吾庸多矣非吾憂也。且事晉何爲。晉必恤之。西鉏吾宋大夫崇封也姦謂魚石等披猶分也夷庚吳晉往來之要道庸功也言楚若與我同惡此五人逐之不用以施德於我則我感其德而事之不敢攜貳然大國無厭足之心我雖事之猶棄鄙以爲怨憾此吾之患也不然而收吾所惡五人使佐楚政以伺我之隙亦吾之患也今楚封諸侯之叛人分與彭城地以絕吳晉之往來使奸詭者得志而服從者皆有攜心毒害諸侯則吳晉必懼而謀之宋之有功多矣非我之憂也且宋平日事晉何爲哉晉必憂恤宋之患難矣厭平聲○公至自晉。晉范宣子來聘。且拜朝也。拜謝公之往朝君子謂晉於是乎有禮。有荅報之禮○張洽氏曰公朝始至而聘使繼至晉悼之下諸侯肅矣此列國之所以睦而叛國之所以服也○秋。杞桓公來

朝。勞公且問晉故。公以晉君語之。杞伯於是驟朝于晉而請爲昏。勞公謂問勞成公之歸語語其德政○也杜預氏公爲平公不徹樂張本

附錄七月。宋老佐華喜圍彭城。老佐卒焉。杜預氏云言所以不克彭城

○八月。邾宣公來朝。卽位而來見也。○築鹿囿。書不時也。非土功之時○愚按自是昭公築郎囿定公築蛇淵蓋作俑于此

○己丑。公薨于路寢。言道也。喪大紀君夫人卒于路寢魯隱桓閔皆爲人所殺僖公薨于小寢文公薨于臺下惟成公薨于路寢得君薨之道○李燾氏曰成公在位十有八年自鞍戰以後汶陽未歸之前魯事晉甚謹自汶陽歸齊之後魯之于晉嫌隙已生然方其事晉也東讐于齊南屈于楚丘甲作而兵政變四卿將而公室弱魯已無一事之可取矣及其得罪于晉也會葬而見止未聘而及盟沙隨困苕丘執而辱于外僑如譺夫人失德而亂于內魯自隱公以來未有如是者也及其末年幸悼公之興國家無

事而又一時諸臣如季文子孟獻子子叔聲伯臧宣叔臧武仲皆賢智之資故能維持恊賛以綏内難不然魯盖不可爲美

○冬十一月楚子重救彭城伐宋使偏師與鄭人侵宋子重爲後鎭宋華元如晉告急韓獻子爲政曰欲求得人必先勤之成霸安疆自宋始矣言晉欲求諸侯從巳則必先勤恤其急昔文公成霸業而致安疆之功亦自救宋始今宋有急不可不救也晉侯師于台谷以救宋遇楚師於靡角之谷楚師還台谷地闕靡角宋地楚畏晉強故還

○晉士魴來乞師季文子問師數于臧武仲對曰伐鄭之役知伯實來下軍之佐也今彘季亦佐下軍如伐鄭可也事大國無失班爵而加敬焉禮也從之武仲宣叔之子知伯荀罃也彘季即士魴如伐鄭言師出如二十七年伐鄭之數加敬謂加敬于其使者

○十二月。孟獻子會于虛朾。謀救宋也。宋人辭諸侯。而請師以圍彭城。不敢煩勞諸侯但請其師以圍彭城杜預氏云爲襄元年經書圍彭城傳孟獻子請于諸侯而先歸會葬。○丁未。葬我君成公。書順也。先是莊公薨子般見殺宣公薨歸父出奔家國不安惟成公薨于路寢五月而葬國家安静世嫡承嗣故云書順

春秋左傳註評測義卷之三十一　終

春秋左傳註評測義卷之三十二

明吳興後學凌稚隆輯著

襄公一

公名午成公子母成姒在位三十一年謚法國事有功曰襄辟土有德曰襄

經 己丑周簡王十四年 **元年** 陳成公三十七年杞桓公六十五年宋平公四年晉悼公元年齊靈公十年秦景公五年楚共王十九年衛獻公五年蔡景公二十年鄭成公十三年吳子壽夢十四年 ○

春王正月。公即位。無傳是年公四歲 ○仲孫蔑會晉欒黶宋華元衛甯殖曹人莒人邾人滕人薛人圍宋彭城。書彭城而繫之宋有以見魚石之不臣楚予之姦亂與夫諸侯討叛之功 ○夏晉韓厥帥師伐鄭。仲孫蔑會齊崔杼曹人邾人杞人次于鄫。鄫鄭地

○秋楚公子壬夫帥師侵宋。○九月辛酉天王崩。無傳

○邾子來朝。○冬衛侯使公孫剽來聘。剽子叔黑背子〔剽〕匹妙反

晉侯使荀罃來聘。

〔傳〕元年春己亥圍宋彭城。非宋地追書也。於是爲宋討魚石故稱宋。且不登叛人也。謂之宋志。登成也成十八年楚取彭城封魚石其地已非宋有夫子修春秋追繫於宋者有二意於是爲宋討魚石宜繫於宋且又不成此叛人使得取君之邑也宋志成宋人之志也〔爲〕去聲彭城降晉晉人以宋五大夫在彭城者歸寘諸瓠丘。五大夫即魚石等瓠丘晉地在今山西垣縣曲杜預氏云經不書彭城降賤畧之也齊人不會彭城晉人以爲討二月。齊大子光爲質於晉。光齊靈公大子〔質〕音致○夏五月晉韓厥

荀偃師諸侯之師伐鄭。入其郛。敗其徒兵於洧上。於是東諸侯之師次于鄫以待晉師晉師自鄭以鄫之師侵楚焦夷及陳晉侯衛侯次于戚。以爲之援。經不書荀偃非元帥也徒兵步兵也洧水名東諸侯齊魯曹邾杞也杜預氏云孟獻子自鄫先歸不與侵陳楚故不書。○愚按悼公之興首會諸侯大夫爲宋圍彭城討魚石得討賊之義矣及伐鄭之師但使韓厥當其前而東諸侯次于鄫以待之其意蓋謂楚兵不出則一韓厥自足以當鄭楚兵旣出則東諸侯之師實足以撓楚此又合於節制而不敢重勤諸侯之意也覇主事哉。○秋。楚子辛救鄭。侵宋呂留。鄭子然侵宋取犬丘。呂留宋二邑屬彭城犬丘亦宋邑今爲河南永城縣

九月。邾子來朝。禮也。以襄公新立故○冬。衛子叔晉知武子來聘。禮也。子叔卽公孫剽武子卽知罃亦以襄公新立故凡諸侯卽位。小國

朝之大國聘焉。以繼好結信。謀事補闕。禮之大者也。小事大則來朝大事小則來聘盖所以繼先君之好結二國之信謀國家之事補闕失之典禮之大者也

【經】庚寅周靈王元年 二年。春。王正月。葬簡王。無傳 ○鄭師伐宋。○夏。五月。庚寅。夫人姜氏薨。○六月。庚辰。鄭伯睔卒。○晉師宋師衛甯殖侵鄭。傳例將卑師衆稱師將尊師少稱將晉宋稱師不書將非卿也書將不稱師師少也 ○秋。七月。仲孫蔑會晉荀罃宋華元衛孫林父曹人邾人于戚。○己丑。葬我小君齊姜。齊諡成公夫人襄公嫡母也 ○叔孫豹如宋。是時豹始自齊還爲卿 ○冬。仲孫蔑會晉荀罃齊崔杼宋華元衛孫林父曹人邾人滕人薛人小邾人于戚。遂城虎牢。虎牢內外之限界城之可以安中國息征

伐故聖人與其城而不繫之鄭。張洽氏曰彭城非宋有也霸主爲宋討則繫之宋虎牢鄭地也以中國討鄭則不繫之鄭皆春秋明王制以示予奪之正也

○楚殺其大夫公子申。

傳二年春鄭師侵宋楚令也。楚以宋降彭城故令鄭人侵宋。黄震氏曰晉厲三敗楚師猶以力服之也今楚納宋之叛臣晉悼伐其叛臣而取之義聲振夷夏逆順曉然矣何爲尚爲楚而伐宋耶○附錄

齊侯伐萊萊人使正輿子賂夙沙衛以索馬牛皆百匹齊師乃還。正輿子萊大夫夙沙衛齊寺人索謂簡擇好者君子是以知齊靈公之爲靈也。諡法亂而不損曰靈蓋國之大事在戎而齊師之進退繫於一寺人君子是以知齊靈公之諡應其行也

○夏齊姜薨。初穆姜使擇美檟以自爲櫬與頌琴季文子取以葬。穆姜成公母襄公祖母也檟梓之屬櫬棺也頌琴琴名穆姜自備終事文子取之以葬齊姜君子曰非禮也。

禮無所逆婦養姑者也虧姑以成婦逆莫大焉詩曰其惟哲人告之話言順德之行季孫於是爲不哲矣且姜氏君之妣也詩曰爲酒爲醴烝畀祖妣以洽百禮降福孔偕言禮以順爲敬爲婦者將以奉養其姑者也今取穆姜之櫬琴以葬齊姜虧姑以成婦婦其不順孰大於是詩大雅抑篇哲知也話言善言也言惟哲人告以善言則所行無非順德不哲言其逆也姜氏即齊姜言妣見畀於祖妣也詩周頌豐年篇烝進畀與偕徧也言敬事祖妣以合百禮然後降福甚徧今文子先妣後祖是爲不敬其祖妣神將不福祐之也養去聲○齊侯使諸姜宗婦來送葬齊姜齊國之女故使其宗親之婦來會葬禮記婦人不越疆而弔召萊子萊子不會故晏弱城東陽以偪之萊不知其姓齊以比隣小國故召之東陽齊境上邑林堯叟氏云爲六年滅萊傳○鄭成公疾子駟請息

肩於晉。公曰。楚君以鄭故。親集矢於其目。非異人任。寡人也。若背之。是弃力與言。其誰暱我。免寡人。唯二三子。秋七月庚辰。鄭伯睔卒。子駟欲從晉以避楚役故以息肩爲踰任當也言謂盟誓之言暱親也言楚共王以救鄭之故爲晉射中其目盖非爲他人當此患爲我故也若背楚而從晉。一則棄其救鄭之力一則棄其盟誓之言無信若此其誰肯親我乎免我棄力背言之責全賴爾二三子矣〔上本力〕作功背音佩。湛若水氏曰鄭伯不念祖父之德華夏之裔棄中國之盟以從夷狄力行其惡而不悛至死猶無悔悟之心悲夫

於是子罕當國。子駟爲政。子國爲司馬。晉師侵鄭。諸大夫欲從晉。子駟曰。官命未改。當國攝君事也爲政爲正卿也司馬主兵鄭未服晉故秉喪伐之官君也禮先君既葬嗣君正位乃得違官命臣今成公未葬嗣君未免喪故云官命未改盖不欲違先君意也。蘇轍氏曰鄭雖有叛中國之罪

而伐喪非其禮也與士匄侵齊聞喪乃還相反○會于戚謀鄭故也。知罃以鄭人未服故合諸大夫於戚以謀討之。孟獻子曰。請城虎牢以偪鄭。虎牢鄭北制今屬晉故謀築城以逼鄭知武子曰。善。鄫之會。吾子聞崔子之言。今不來矣。滕薛小邾之不至。皆齊故也。寡君之憂不唯鄭。罃將復於寡君而請於齊。得請而告。吾子之功也。若不得請。事將在齊。吾子之請。諸侯之福也。豈惟寡君賴之。知罃言前年吾子與齊崔杼次于鄫謂崔子有不服晉之言今齊果不至于戚之會矣滕薛小邾齊之屬國今亦不至皆以齊不服故也故我晉君不惟憂鄭不服且憂齊叛罃將以城事白晉君而請齊共城虎牢以觀齊志若齊人應命乃告諸侯會城虎牢則服鄭之功歸于吾子若齊不從請將先伐齊未暇治鄭矣然吾子此謀足以服鄭而弭兵乃諸侯之福豈惟晉君賴之杜預氏云傳言荀罃能用善謀○穆叔聘于宋。通嗣君也。通嗣君之好○冬。復會于戚。齊崔武子及滕薛小邾之大夫。皆會。知武子之言故也。遂城虎牢。鄭人乃成。崔武子即崔杼知武子言事將在齊故齊人懼帥二國而會之鄭果求成于晉卒如孟獻子之謀○愚按虎牢巖險之邑卽虢之制而於漢爲成皐其地在鄭之西而楚在其南鄭之挾楚以抗中國者賴是故晉人特設此謀先爲城守以偪之鄭見虎牢城而諸侯之師畢集則必不敢棄晉南向而楚亦不得越鄭而東蹂躪中華之境矣故雞澤之盟鄭不伐而自至而天下無兵革者六年則虎牢之城誠有功于天下趙鵬飛氏謂晉悼圍宋彭城安一國之功小遂城虎牢安天下之功太信然哉○楚公子申爲右司馬。多受小國之賂以偪子重子辛。楚人殺之。故書曰楚殺其大夫公子申。偪奪其權勢也傳見楚自公子申公子嬰齊公子壬夫爲政所以不競于晉經辛卯三年鄭僖公元年春。楚公子嬰齊帥師伐吳。志始禍也○公如晉。○夏四月。壬戌。公及晉侯盟于長樗。長樗晉近城之地樗勑居反○公至自晉。無傳○六月。公會單子晉侯宋公衛侯。鄭伯。莒子。邾子。齊世子光。己未。同盟于雞澤。鷄澤晉地今爲北直隷鷄澤縣杜預氏云周靈王新即位使王官伯出與諸侯盟以安王室故無譏單音善陳侯使袁僑如會。陳侯聞鄭伯受盟故使大夫求成于晉本非召會來又後時故書如會戊寅。叔孫豹及諸侯之大夫及陳袁僑盟。諸侯即鷄澤諸侯諸侯既盟盟袁僑乃至故使大夫別與之盟獨書叔孫豹詳内畧外也再書及者明此諸侯之大夫所以爲此盟止爲盟陳袁僑爾○秋。公至自會。無傳○冬。晉荀罃帥師伐許。

傳三年春楚子重伐吳爲簡之師克鳩茲至于衡山使鄧廖帥組甲三百被練三千以侵吳吳人要而擊之獲鄧廖其能免者組甲八十被練三百而已子重歸既飲至三日吳人伐楚取駕簡選也鳩茲今南直隷蕪湖縣有鳩茲港衡山在今浙江湖州府城南皆吳邑鄧廖楚大夫組甲漆甲成組文被練練袍皆精兵也駕良邑也鄧廖亦楚之良也君子謂子重於是役也所獲不如所亡楚人以是咎子重子重病之遂遇心疾而卒

君子是當時君子子重以憂恚成心疾○趙鵬飛氏曰夷狄相攻中國之福稽其故則自鍾離一會吳無仇晉之心楚有患吳之意故楚之伐吳以吳不與已而與中國也楚之兵力既分于吳而不能專向中國此諸侯之患得以少紓吳既受楚兵則亦不能無求于中國故五年戚之會吳不召而自至自是天下之

勢遂成鼎足晉吳楚是也吳既附中國則楚實孤終春秋之世楚無一日安枕者吳犄其東也㊂公如晉始朝也。○夏盟於長樗。孟獻子相公稽首。晉欲修禮於諸侯故去其國都與公盟于長樗時襄公方六歲故獻子相公行禮稽首以首至地也知武子曰。天子在。而君辱稽首。寡君懼矣。周禮九拜一曰稽首諸侯事天子之禮也懼謂不敢當此過禮孟獻子曰。以敝邑介在東表。密邇仇讐。寡君將君是望。敢不稽首。言我魯國介在東方之表密邇齊楚仇敵之國我君將望晉君安國家定社稷敢不盡禮于所事杜預氏云傳言獻子能固事盟主○晉爲鄭服故。且欲脩吳好。將合諸侯。使士匄告于齊曰。寡君使匄以歲之不易。不虞之不戒。寡君願與一二兄弟相見。以謀不協。請君臨之。使匄乞盟。晉欲因鄭服以脩吳好將以二事會諸侯不易多難也虞度戒備也言歲事多難不可虞度之事無所戒備也兄弟謂列國之君不協謂諸侯之不和協者【爲】【易】並去聲○愚按晉以楚強難制而與吳脩好使之數反於其內以分楚勢嗣後漢高帝令彭越數反梁地爲項王害其謀蓋本此**齊侯欲勿許。而難爲不協。乃盟於彨外。**時諸侯皆服齊靈公難于獨爲不協乃與士匄盟于彨水之外【彨】音而○附錄

祁奚請老晉侯問嗣焉。稱解狐其讐也將立之而卒。又問焉。對曰午也可。於是羊舌職死矣。晉侯曰孰可以代之。對曰赤也可。於是使祁午爲中軍尉。羊舌赤佐之。祁奚爲中軍尉請老致政事也嗣謂繼其職午祁奚子羊舌赤佐中軍尉者亦羊舌職子伯華也

君子謂祁奚於是能舉善矣。稱其讐不爲諂。立其子不爲比。舉其偏不爲黨。商書曰無偏無黨王道蕩蕩。

其祁奚之謂矣諂媚也偏謂屬官之子言祁奚稱解狐不爲諂偃以媚其讎立祁午不爲親比以私其子稱羊舌赤不爲阿黨以與其偏商書洪範篇蕩蕩平正無私貌解狐得舉。祁午得位。伯華得官。建一官而三物成。能舉善也。夫唯善。故能舉其類。詩云。惟其有之。是以似之。祁奚有焉。解狐未得位而死故云得舉得位得代父之位官亦位也尉佐同官故云建一官物事也得舉得位得官故云三物成詩小雅裳裳者華篇言惟有德之人故所舉得似己者〇六月。公會單頃公及諸侯。己未。同盟于雞澤。晉侯使荀會逆吳子于淮上。吳子不至。單頃公周卿士晉悼公復霸假寵於周故單子會盟雞澤道遠多難故吳子不至〇楚子辛爲令尹。侵欲於小國。陳成公使袁僑如會求成。晉侯使和組父告于諸侯。侵欲以所欲侵害之也小國謂從楚者袁僑濤塗四世孫陳成公患楚侵欲故叛楚求成于晉晉使以陳服告于諸侯秋。叔孫豹及諸侯之大夫及陳袁僑盟。陳請服也。陳既請服故盟其大夫○附錄晉侯之第揚干亂行於曲梁。魏絳戮其僕。行陳次也曲梁今爲北直隸永年縣僕御也時魏絳爲中軍司馬見揚干之車亂行謂是御者之罪故戮其僕晉侯怒。謂羊舌赤曰。合諸侯以爲榮也。揚干爲戮。何辱如之。必殺魏絳。無失也。其僕見戮與揚干被戮同故云揚干爲戮無失不可失此刑也對曰。絳無貳志。事君不辟難。有罪不逃刑。其將來辭。何辱命焉。赤言絳無携貳之心其平日事君雖有難而不避假令有罪必受刑而不逃今日之事將自來陳其情狀何辱君命以執之言終。魏絳至。授僕人書。將伏劍。士魴張老止之。僕人晉侯御僕公讀其書曰。日君乏使。

使臣斯司馬臣聞師衆以順爲武軍事有死無犯爲敬君合諸侯臣敢不敬君師不武執事不敬罪莫大焉臣懼其死以及揚干無所逃罪不能致訓至於用鉞臣之罪重敢有不從以怒君心請歸死於司寇斯此也爲此司馬之官也絳言師衆以順從上命莫敢違逆爲武軍事以守官行法雖有死難不敢犯違爲敬君合諸侯爲盟臣豈敢畏懼死罪不爲敬也今君之師衆違命亂行既已不武謂揚干也執事之臣畏懼死罪不戮罪人是爲不敬魏絳自謂也不武不敬是揚干與巳皆有大罪臣懼臣之死罪連及揚干臣罪加重無所逃避然臣不能以禮漸致教訓至于用鉞以斬其僕是臣之罪重也敢不從刑以致君怒請歸死於司刑之官公跣而出曰寡人之言親愛也吾子之討軍禮也寡人有弟弗能教訓使干大命寡人之過也子

無重寡人之過敢以爲請。跣不佚履也寡人之言卽與羊舌赤之言大命謂軍旅之命無重過言寡人旣有過而復聽子自殺是重益其過也請請無死也跣先上重去聲晉侯以魏絳爲能以刑佐民矣。反役。與之禮食。使佐新軍。張老爲中軍司馬。士富爲候奄。群臣旅會晉侯欲顯絳之功故爲特設禮待大夫之食士富士會族子〔食〕音嗣○附錄楚司馬公子何忌侵陳。陳叛故也。陳叛楚受盟雞澤○許靈公事楚。不會于雞澤。冬。晉知武子帥師伐許。許自新城以來不預國盟會者四十餘年今晉以陳鄭旣復故遂伐許

〔經〕壬辰四年。春。王三月己酉。陳侯午卒。○夏。叔孫豹如晉○秋。七月戊子。夫人姒氏薨。姒杞姓成公妾襄公母○葬陳成公。無傳○八月辛亥。葬我小君定姒。無傳定謚也杜預氏云踰月而

葬速也○愚按此既稱定姒不應定十五年復稱葬定姒公羊以姒作弋是矣不然此當在定十五年姒氏卒下誤○冬公如晉○陳人圍頓

在此爾

傳四年春楚師爲陳叛故猶在繁陽前年侵楚陳之師今猶未還繁陽楚地在今河南蔡縣南韓獻子患之言於朝曰文王帥殷之叛國以事紂唯知時也今我易之難哉獻子以力未能服楚恐失陳故以爲患言文王帥殷之叛國以服事殷唯知時未可與紂爭也今我力未能服楚而反易文王之道與楚爭陳時之未可難以濟哉趙汸氏云傳記韓獻子之言與五年范宣子之言見晉所以終棄陳于楚○愚按文王率叛國以事紂臣道也楚非晉君也謂爭陳爲易之何居韓厥于是乎失言矣異日者楚虔求諸侯于晉司馬侯請許之亦稱文王與紂云盖晉人之言不倫類如此三月陳成公卒楚人將伐陳聞喪乃止陳人不聽命臧武仲聞之曰陳

不服於楚必亾大國行禮焉而不服在大猶有咎而況小乎不聽命不聽從楚命也軍禮不伐喪故以楚爲行禮夏楚彭名侵陳陳無禮故也杜預氏云爲下陳圍頓傳○趙汸氏曰不責諸侯不能救而譏陳無禮蓋緣臧武仲語而識之○穆叔如晉報知武子之聘也武子聘在元年晉武享之金奏肆夏之三不拜工歌文王之三又不拜歌鹿鳴之三三拜金奏擊鍾而奏也肆夏樂章名周禮以鍾鼓奏九夏一曰王夏二曰肆夏三曰韶夏四曰納夏五曰章夏六曰齊夏七曰族夏八曰陔夏九曰驁夏肆夏之三肆夏以下三夏也工樂人也文王之三大雅之首文王大明緜三篇也鹿鳴之三小雅之首鹿鳴四牡皇皇者華三篇也三拜者每歌一詩穆叔一拜謝韓獻子使行人子員問之曰子以君命辱於敝邑先君之禮藉之以樂以辱吾子吾子舍其大

而重拜其細。敢問何禮也。行人通使之官藉薦也言以先君享燕之禮荐之以樂章以辱待吾子今吾子舍肆夏文王之大者不拜而三拜謝於鹿鳴三篇之細此爲何禮〔舍〕音捨〔重〕去聲對曰。三夏。天子所以享元侯也。使臣弗敢與聞。文王。兩君相見之樂也。臣不敢及。鹿鳴。君所以嘉寡君也。敢不拜嘉。四牡。君所以勞使臣也。敢不重拜。皇皇者華。君教使臣曰。必諮於周。臣聞之。訪問於善爲咨。咨親爲詢。咨禮爲度。咨事爲諏。咨難爲謀。臣獲五善。敢不重拜。元侯謂九牧二伯諸侯之長也元侯來朝天子享之乃奏三夏使臣不敢與聞此樂故不拜文王以下三詩皆述文王受命作周之事兩國諸侯相見乃歌此詩及與也臣不敢與其間而得聞之故不拜鹿鳴詩言我有嘉賓叔孫奉君命而來嘉叔孫即所以嘉魯君也敢不拜謝晉君嘉美之意此所以一拜四牡詩序言勞使臣之來卽所以勞叔孫也敢不拜謝晉君勞已之意此所以二拜皇皇者華序言君遣使臣首章周爰咨諏二章周爰咨謀三章周爰咨詢四章周爰咨度言必於忠信之人咨此四事也以臣所聞詩所謂咨者訪問善道之謂詢者咨問親戚之謂度者咨問禮儀之謂諏者咨問政事之謂謀者咨問患難之謂臣因君之教而得此五善敢不拜謝晉君教已之意此所以三拜 ○ **秋定姒薨。不殯于廟。無櫬。不虞。** 殯擯木覆棺以泥塗其上也殷人殯于廟櫬親身之棺卽椑也國君棺三重椑在內屬在外次之大棺最在外虞卒哭反祭也季孫以定姒本賤議其喪制欲殯不過廟喪不用棺櫬旣葬不反哭于虞 **匠慶謂季文子曰。子爲正卿。而小君之喪不成。不終君也。君長。誰受其咎。** 慶魯大匠名言如季叔所議則夫人喪禮不成是不終事君之道也若襄公長而有知必歸咎于季氏 **初季孫爲已樹六檟於蒲圃東門之外。匠慶請木。季孫曰。畧。**

匠慶用蒲圃之檟。季孫不御。樹植也蒲圃場圃名季孫欲爲櫬故預植之請木請爲定姒作櫬之木畧不以道取也孔氏謂即律畧人畧賣人之謂季叔怒慶此請意欲不戚其棗故今慶畧他木爲之而慶遂畧其所自樹之檟御與禦同止也一說畧謂忽畧不必致美也君子曰。志所謂多行無禮。必自及也。其是之謂乎。季叔取穆姜之櫬與琴以葬齊姜今匠慶取季孫之檟以葬定姒是志所謂多行無禮必自及者○愚按盖定姒非適夫人故文子不欲成其爲小君始請木而徵應曰畧猶欲簡其禮也既用其檟而不御恐嫌於自爲也而君子曰行無禮必自及何不諒其心歟○冬。公如晉聽政。聽貢賦多少之政晉侯享公。公請屬鄫。晉侯不許。孟獻子曰。以寡君之密邇於仇讎。而願固事君。無失官命。鄫無賦於司馬。爲執事朝夕之命。敝邑敝邑褊小。闕而爲罪。寡君是以願借助焉。晉侯許之。鄫小國魯請使鄫屬魯助出貢賦公時年七歲盖相禮者代公言之官命晉官徵發之命司馬晉掌諸侯之賦者獻子言魯欲無失執事徵求之命以國事晉以鄫不供晉賦而魯爲執事朝夕徵求恐國小難給闕而獲罪故願借助於鄫以給晉求杜預氏云爲明年叔孫豹鄫世子巫如晉傳 ○楚人使頓閒陳而侵伐之。故陳人圍頓。頓屬楚小國閒間闕也 ○附錄 無終子嘉父使孟樂如晉。因魏莊子納虎豹之皮。以請和諸戎。無終山戎今北直隷遵化縣子爵嘉父戎君孟樂戎臣莊子魏絳也晉侯曰。戎狄無親而貪。不如伐之。晉侯勿欲與和魏絳曰。諸侯新服。陳新來和。將觀於我。我德則睦。否則攜貳。勞師於戎。而楚伐陳。必弗能救。是弃陳也。諸華必叛。戎禽獸也。獲戎失華。無乃不可乎。夏訓有之曰。有窮后羿言諸侯與陳皆將觀德于晉以爲從否晉若勞兵以伐戎楚來伐陳晉不能救是弃陳也中國諸侯見晉不能庇陳必叛晉矣戎狄本與禽獸無異雖伐戎戎得勝而失中國之諸侯甚不可也夏訓夏書書窮國名有窮猶言有夏后君也羿有窮君之號絳方論和戎而欲進諫故特稱之以發公問公曰后羿何如怪其言不次故問之對曰昔有夏之方衰也后羿自鉏遷于窮石因夏民以代夏政恃其射也不脩民事而淫于原獸弃武羅伯因熊髡尨圉而用寒浞寒浞伯明氏之讒子弟也伯明后寒弃之夷羿收之信而使之以爲已相浞行媚于內而施賂于外愚弄其民而虞羿于田樹之詐慝以取其國家外內咸服羿猶不悛將歸自田家衆殺而亨之以食其子其子不

忍食諸。死于窮門。靡奔有鬲氏。浞因羿室。生澆及豷恃其讒慝詐僞。而不德于民。使澆用師。滅斟灌及斟尋氏。處澆于過。處豷于戈。靡自有鬲氏。收二國之燼以滅浞。而立少康。少康滅澆于過。后杼滅豷于戈。有窮由是遂亡。失人故也。

夏禹之孫太康淫放仲康微弱仲康卒子相立夏之德衰羿遂相而立之鉏羿本國遷窮石故號有窮淫放原野也武羅等羿四賢臣寒國名浞寒國支庶伯明寒君名伯明君此寒國之時惡浞之讒弃之而不用羿善其讒因收用之夷羿之氏內謂宮人外謂群臣愚弄欺罔虞樂也田畋獵也樹立也不悛不改也窮門窮國之門靡夏遺臣事羿者有鬲國名因羿室就羿之妃妾也斟灌斟尋夏同姓二諸侯后相所依者過戈二國名燼遺民也少康后相子后杼少康子時后相爲澆滅故立少康少康繼立乃滅澆浞因羿室故仍稱有窮獻子言有窮所以遂亡之故以武羅輩賢

臣本羿奔之浞亦不用是國之大患故舉以規悼公〔鉏〕仕居反尨莫邪反〔浞〕仕角反〔亨〕音烹〔鬲〕音革〔澆〕五弔反〔豷〕許器反昔周辛甲之爲大史也命百官官箴王闕於虞人之箴曰芒芒禹迹畫爲九州經啓九道民有寢廟獸有茂草各有攸處德用不擾在帝夷羿冒于原獸忘其國恤而思其麀牡武不可重用不恢于夏家獸臣司原敢告僕夫虞箴如是可不懲乎辛甲周武王大史使百官各以所居官事爲箴以戒王之闕失虞人田獵之官芒芒遠貌畫分也冒貪也國恤國家可恤之事重猶數也恢大也言禹廣大之迹分爲九州開通九道民有寢以安身有廟以安神禽獸有茂盛之草以優其形民物各有所居由其以德綏之故不擾亂夷羿爲帝貪于田獵忘民而思獸爲田以重好武事乃不能大昌夏家而滅之獸臣虞人自稱司原主原野之事告僕夫不敢斥尊也虞箴如是此魏絳之言

(麀)音憂(重)去聲於是晉侯好田故魏絳及之魏絳本勸和戎忽舉羿事以及虞箴與初言不應故傳爲此二句以解魏絳之意(好)去聲公曰然則莫如和戎乎悼公既心納絳言遂問和戎之利對曰和戎有五利焉戎狄荐居貴貨易土土可賈焉一也邊鄙不聳民狎其野穡人成功二也戎狄事晉四鄰振動諸侯威懷三也以德綏戎師徒不勤甲兵不頓四也鑒于后羿而用德度遠至邇安五也君其圖之薦居逐水草而居也易猶輕也土可賈言以貨賣其土也聳動狎習也振動驚起也威懷威服也勤勞也頓謂折壞也德度以德爲法也(易)去聲(賈)音古公說使魏絳盟諸戎脩民事田以時脩勑農事田獵以時導絳之諫也杜預氏云傳言晉侯能用善謀(說)音悅

○附錄冬十月邾人莒人伐鄫臧紇救

鄫。侵邾敗於狐駘。臧訖即武仲鄫屬魯故救之狐駘邾地伐鄫經不書後書滅鄫舉重也[訖]根發反[駘]彼來反國人逆喪者皆髽。魯於是乎始髽。國人誦之曰。臧之狐裘。敗我於狐駘。我君小子。朱儒是使。朱儒朱儒。使我敗於邾。髽麻髮合結也魯師既敗遭喪者多不能備凶服故髽以逆之雖有吉者亦髽以弔遂以爲常檀弓云魯婦人之髽而弔也自敗於臺駘始是也狐裘臧訖所服公幼弱故云小子訖短小故云朱儒杜預氏云經不書敗魯人諱之[髽]側瓜反

[經]癸巳五年。陳哀公元年春。公至自晉。○夏。鄭伯使公子發來聘。○叔孫豹鄫世子巫如晉。○仲孫蔑衛孫林父會吳于善道。魯衛皆受晉命而行故不書及衛善道吳地今爲南直隸盱眙縣○秋。大雩。○楚殺其大夫公子壬夫。○公會晉侯。宋公。陳

侯衛侯鄭伯曹伯莒子邾子滕子薛伯齊世子光吳人鄫人于戚。時叔孫豹使鄫聽命于會故鄫見經○公至自會。無傳○冬。戍陳。○楚公子貞帥師伐陳。以陳從晉也公會晉侯宋公衛侯鄭伯曹伯齊世子光救陳。悼公既戍之復救之故書戍書救以善晉也○十有二月。公至自救陳。無傳○辛未。季孫行父卒。

傳五年春。公至自晉。杜預氏云公在晉既聽屬鄫聞其見伐遥命臧紇出救故傳稱經公至以明之○附錄王使王叔陳生愬戎于晉晉人執之士魴如京師。言王叔之貳於戎也。王叔陳生周卿士戎陵暴周室故王使王叔告愬於霸主王叔反有貳心於戎奉使無狀故晉爲周執之○夏。鄭子國來聘。通嗣君也。子國即公子發子產之父。○李廉氏曰魯鄭自輸平後未嘗通聘終春秋僅見於此則以悼公之盛諸侯之睦也○穆叔覿鄫大子于晉以成屬鄫。覿見也前年魯請屬鄫于晉故穆叔偕鄫大子如晉以成屬鄫之約○愚按是時莒人強橫志在逼鄫而鄫所依者魯故叔孫豹覿鄫世子于晉所以托鄫于晉也而鄫卒爲莒滅晉亦不能庇鄫豈鞭長不及馬腹歟書曰叔孫豹鄫大子巫如晉。言比諸魯大夫也。豹與巫竝受命於魯故經不書及比鄫大子於魯大夫也○吳子使壽越如晉辭不會于雞澤之故且請聽諸侯之好。壽越吳大夫辭謝也雞澤會在三年悼公新爲霸主遠人慕之故吳有志于親中國辭謝雞澤之不會而請聽後會之期晉人將爲之合諸侯使魯衛先會吳且告會期故孟獻子孫文子會吳于善道晉將邀吳爲戚之會而魯衛近吳故使先往通好焉以其道遠故先告以會期懲前此吳子之不至也爲去聲○許翰氏曰晉楚爭衡權之在吳故晉急于會吳如此○秋大雩。

旱也。雩雖夏祭若歲旱則又脩其禮故傳釋之曰旱見秋雩非書過也○楚人討陳叛故。曰由令尹子辛實侵欲焉。乃殺之。討治也治陳人叛楚從晉之故子辛侵欲小國載在二年書曰楚殺其大夫公子壬夫貪也。壬夫卽子辛言以貪而死故經以國殺爲文君子謂楚共王於是不刑。杜預氏云陳之叛楚在子辛楚子不能明法敎以律貪人又不能殺貪人以謝失小國乃擁其罪人與兵致討而陳怨彌篤方歸罪子辛而殺之故云不刑詩曰。周道挺挺。我心扃扃。講事不令。集人來定。已則無信。而殺人以逞。不亦難乎。夏書曰。成允成功。逸詩也挺挺正直也扃扃明察也講謀也言周道挺挺然正直我心扃扃然明察知其謀事不善當集賢人以共定之今共王伐宋封魚石背盟敗於鄢陵是無信也八年之中殺子反公子申及壬夫是殺人以逞也難難與晉爭覇也允信也言信成然後有成功也扃上聲○愚按楚共王伐宋背盟處已則無信矣共其三殺大夫皆以其罪何謂不刑傳盖以成敗論爾 ○九月丙午盟于戚會吳且命戍陳也。楚將復伐陳故諸侯以兵戍。季本氏曰壽夢方強懼與楚合故悼公遠與吳通使爲楚憂亦制強夷紓近患之微權然不能修德息兵柔遠能邇而又結一強夷苟紓目前忽遠圖而忘後患此策之下者也 穆叔以屬鄫爲不利使鄫大夫聽命于會。屬鄫本以假助而郲莒方共虐鄫魯數救之反爲國害故以爲不利而辭于晉杜預氏云傳言鄫人所以見於戚會 ○楚子囊爲令尹范宣子曰。我喪陳矣。楚人討貳而立子囊。必改行而疾討陳。陳近於楚。民朝夕急。能無往乎。有陳非吾事也。無之而後可。子囊卽公子貞改行改子辛所行疾急也朝夕急危急之患在朝夕也往從楚也有陳非吾事言吾之力不能及陳也林堯叟氏云爲七年陳侯逃歸傳喪行並去聲 冬。諸侯戍陳。子襄伐陳。十一月甲午，會于城棣以救之。諸侯雖戍陳而楚猶伐之故諸侯又親救之城棣陳地在今河南封丘縣境○愚按宣子憂晉之不能保陳與管仲憂齊之不能保江黄同意然既知其不可有而猶戍猶救至其自敗乃已覇主事哉○季文子卒。大夫入斂。公在位。宰庀家器為葬備。無衣帛之妾，無食粟之馬。無藏金玉。無重器備。魯大夫入視文子小斂公在祚階西向之位宰家臣庀具也言季子家臣具家器之所有以為營葬之備其家妾不衣帛其廄馬不食粟其府庫無珍寶之重器無甲兵之重備[庀]匹婢反[衣]去聲君子是以知季文子之忠於公室也。相三君矣，而無私積，可不謂忠乎。三君宣成襄也[相]去聲○愚按行父好深忌刻人也逆其黨仲遂傾歸父結晉伐齊以專魯國之政安在其忠於公室哉雖妾無衣帛馬不食粟不過小廉曲謹而已何足數也

春秋左傳註評測義卷之三十二終

春秋左傳註評測義卷之三十三

明吳興後學凌稚隆輯著

襄公二

［經］乙未 六年春王三月壬午。杞伯姑容卒。○夏。宋華弱來奔。華椒孫 ○秋。葬杞桓公。無傳 ○滕子來朝。○莒人滅鄫。○冬。叔孫豹如邾。○季孫宿如晉。行父之子 ○十有二月。齊侯滅萊。

［傳］六年春。杞桓公卒。始赴以名同盟故也。杞自春秋以來皆不書名惟桓公與魯成公同盟故始以名來赴於魯 ○宋華弱與樂轡少相狎。長相優。又相謗也。子蕩怒。以弓梏華弱于朝。平公見

之曰司武而梏於朝難以勝矣。遂逐之。夏，宋華弱來奔。華弱樂轡皆宋大夫狎褻慢也優調戲也子蕩即樂轡子蕩張弓以貫華弱之頸若械之在手故云以弓梏司武司馬也難以勝言不勝其司馬之任也梏古毒反司城子罕曰：同罪異罰，非刑也。專戮于朝，罪孰大焉。亦逐子蕩。子蕩射子罕之門，曰：幾日而不我從。子罕善之如初。子罕以華弱奔後而發此言蓋以告諸大夫非告君也專戮以弓梏華弱也亦逐亦宜見逐也子蕩恐即被逐故射子罕之門幾日不久也言我射汝門汝不能勝能有幾日亦須從我被逐而去也杜預氏云子罕雖見辱不追忿所以得安射音石

○秋，滕成公來朝，始朝公也。滕子即位始來朝也

○莒人滅鄫，鄫恃賂也。鄫貢賦於魯恃魯而不脩備故莒得而滅之○愚按莒人滅鄫說者以晉不救鄫故因土穀梁之說謂鄫立莒公子爲後神不歆異姓之祀爲滅非莒以兵滅也若然則

是年冬經書十二月齊侯滅萊與滅鄅同一書法又何譏焉盖晉悼主盟中國坐視小國之滅而不之恤聖人傷之故特書曰滅正以著霸主之失道也左傳本末甚明無容多贅○冬。穆叔如邾聘。且脩平。平四年狐駘之戰○晉人以鄅故來討。曰。何故亾鄅。晉以鄅屬魯魯不致力救助爲莒所滅故晉來治魯問所以不救而使其滅亾之故○愚按魯雖請晉屬鄅已而自顧力不足業爲辭之矣滅鄅者莒也以悼公之賢且強不莒之問乃問魯哉季武子如晉見。且聽命。季武子卽季孫宿始代父爲卿往見大國且謝亾鄅之罪以聽其命○趙伯循氏曰據事情叔孫初嗣位而佗見霸主爾○十一月。齊侯滅萊。萊恃謀也。萊恃二年賂夙沙衛之謀故爲齊滅於鄭子國之來聘也。四月。晏弱城東陽而遂圍萊。甲寅。堙之環城傅於堞。及杞桓公卒之月。乙未。王湫帥師及正輿子棠人軍齊師。齊師大敗之。丁未，入萊。萊共公浮柔奔棠。正輿子、王湫奔莒，莒人殺之。四月，陳無宇獻萊宗器于襄宮。晏弱圍棠。十一月丙辰而滅之。遷萊于郳。高厚、崔杼定其田。

鄭子國來聘在五年，蓋二年晏弱已城東陽以偪萊，至鄭子國來聘之五年四月，復脩其城，因遂圍萊。堙，土山也。堞，城上女墻也。周環萊城爲土山及女墻以攻之。杞桓公卒在此年三月。王湫，故齊人，成十六年奔萊。正輿子，萊大夫。棠，萊別邑。蓋今杞公卒之三月，王湫、正輿子帥別邑之人軍齊師，以解圍而爲齊所大敗。浮柔，萊共公名。莒附齊，故殺正輿子、王湫。無宇即齊陳桓子，陳完玄孫。宗器，宗廟之器。襄宮，齊襄公之廟。郳即小邾，附屬于齊，故齊滅萊而遷其君于小邾。高厚，高國子。定其田，定其田之疆界。堙音因。傅音附。堞音蝶。共音恭。○黄震氏曰：傳言滅又言遷，則所遷者其族屬人民，非必其君也。與經言遷紀郱鄑同。

【經】乙未七年杞孝公元年春郯子來朝○夏四月三卜郊不從乃免牲○小邾子來朝○城費費季氏邑今山東費縣有費城費音秘○秋季孫宿如衛○八月螽無傳○冬十月衛侯使孫林父來聘壬戌及孫林父盟○楚公子貞帥師圍陳○十有二月公會晉侯宋公陳侯衛侯曹伯莒子邾子于鄬會于鄬以謀救陳也陳侯逃歸不成爲救故不書救鄬鄭地○鄭伯髡頑如會未見諸侯丙戌卒于鄵如會會於鄬也鄵鄭地穀梁云未見諸侯曰如會致其志也禮諸侯不生名此其生名何也○卒之名也卒名何以加之會上見以如會卒也

陳侯逃歸。

【傳】七年春郯子來朝始朝公也○夏四月三卜郊不

從乃免牲。孟獻子曰。吾乃今而後知有卜筮。夫郊祀后稷。以祈農事也。是故啓蟄而郊。郊而後耕。今既耕而卜郊。宜其不從也。后稷周始祖能播殖者故郊祀后稷以配天所以祈農事也是以建寅之月既舉郊社之禮而後擇日而耕今卜郊于建卯之月是既耕而郊宜其卜之不從也啓蟄夏正建寅月也耕謂春分蟄直立反。黃震氏曰孟獻子歸咎于既耕而卜蓋不知天之不歆其僭也○南遺爲費宰。叔仲昭伯爲隧正。欲善季氏。而求媚於南遺。謂遺。請城費。吾多與而役。故季氏城費。南遺季氏家臣昭伯惠伯之孫隧正主役徒者謂遺語遺也而汝也杜預氏云傳言祿去公室季氏所以強。黃震氏曰季武子城其私邑以自強定公十二年所以墮之而不可得者也○小邾穆公來朝。亦始朝公也。○秋。季武子如衛。報子叔之聘。且辭緩報非貳也（子叔來聘在元年言國家多難所以緩于報聘非有貳心也）○附錄冬十月晉韓獻子告老公族穆子有廢疾將立之辭曰詩曰豈不夙夜謂行多露又曰弗躬弗親庶民弗信無忌不才讓其可乎（穆子韓厥長子成十八年爲公族大夫立立爲嗣也詩召南行露篇言人豈不欲早夜而行懼多露之濡已喻已非才不可妄居高位也又詩小雅節南山篇言在位者苟不能躬親政事則庶民不聽信其命喻已有疾不能躬親政事也無忌穆子名）請立起也與田蘇游而曰好仁詩曰靖共爾位好是正直神之聽之介爾景福恤民爲德正直爲正正曲爲直參和爲仁如是則神聽之介福降之立之不亦可乎（起無忌弟宣子也田蘇晉賢人起從蘇游蘇稱起好仁詩小雅小明篇靖安介助景大也言君子安靖恭敬以居其位而

好親正直之人則神明察見必助以大福也恤民爲德卽靖共其位之謂正直正已心也正曲正人心也參和備此三者不失其和也蘇謂起好仁起必備有此行故可立(好)去聲 庚戌使宣子朝遂老晉侯謂韓無忌仁使掌公族大夫 宣子卽韓起掌主也穆子先爲公族大夫今使爲之師長 ○衛孫文子來聘且拜武子之言而尋孫桓子之盟 拜言卽綏盟非貳之言孫桓子盟在成三年 公登亦登叔孫穆子相趨進曰諸侯之會寡君未嘗後衛君今吾子不後寡君寡君未知所過吾子其少安 聘禮公迎賓于大門三揖三讓公升二等然後臣始升一等今文子與襄公同等穆子公孫豹也言諸侯同會寡君與衛君同登今子乃衛臣而與魯君同登魯君未知何失而致此不遜安徐行也(相)去聲 孫子無辭亦無悛容穆叔曰孫子必亡爲臣而君過而不悛亡之

本也。詩曰。退食自公。委蛇委蛇。謂從者也。衡而委蛇必折。倓懼而政也爲臣而君爲人臣而與君抗禮也詩召南羔羊篇委蛇自得貌從順行也衡横逼不順也言人臣自公而入私門其容自得蓋謂從君而順行者也若不順行而有自得之意其人必將毀折不得終其職位杜預氏云爲十四年林父逐君張本[蛇]音怡○楚子囊圍陳。會于鄬以救之。晉會諸侯○鄭僖公之爲大子也。於成之十六年。與子罕適晉。不禮焉。又與子豐適楚。亦不禮焉。及其元年朝于晉。子豐欲愬諸晉而廢之。子罕止之。及將會于鄬。子駟相。又不禮焉。侍者諫。不聽。又諫。殺之。及鄵。子駟使賊夜弒僖公。而以瘧疾赴于諸侯。成魯成公子豐穆公子不禮不敬禮也元年鄭僖公元年也鄵地名杜預氏云傳言經所以不書弒○愚按鄭僖公之卒春秋不以弑書公羊以爲爲中國諱穀梁以爲不使夷狄之民加乎中國之君而左氏則謂以瘧疾赴據傳紀弑君無赴於他國者不但魯之隱閔於楚子曰麇於齊侯曰陽生皆不以被弑赴諸侯而經皆以卒書之則左氏之説不爲無據

簡公生五年奉而立之。簡公僖公子。○

陳人患楚慶虎慶寅謂楚人曰吾使公子黄往而執之楚人從之二慶使告陳侯于會曰楚人執公子黄矣君若不來羣臣不忍社稷宗廟懼有二圖陳侯逃歸。二慶陳執政大夫公子黄哀公弟也二慶使人告楚言我使公子黄往楚楚當執之既而使人告陳侯于鄬之會言楚人已執公子黄君如不歸恐羣臣有背君屬楚之圖傳言公子黄所以奔楚二慶所以見殺○愚按陳所以從晉特其能救己爾楚以十月圍陳民朝夕急而悼公十二月始會諸侯于鄬陳其能無往乎無之而後可此范宣子本謀然晉自是無以宗諸侯矣

【經】丙申 八年鄭簡公元年 春王正月公如晉。○夏葬鄭僖公。無傳 ○鄭人侵蔡獲蔡公子燮燮蔡莊公子 ○季孫宿會晉侯。鄭伯齊人宋人衛人邾人于邢丘。○公至自晉。無傳時公在晉晉悼公使大夫聽命于會故季孫宿會而公先歸 ○莒人伐我東鄙。○秋九月大雩。○冬楚公子貞帥師伐鄭。此鄭又從楚之始 ○晉侯使士匄來聘

【傳】八年春公如晉朝且聽朝聘之數悼公復修霸業故襄公朝而聽其貢賦多少之數 ○附錄 鄭羣公子以僖公之死也謀子駟子駟先之夏四月庚辰辟殺子狐子熙子侯子丁孫擊孫惡出奔衛。先先作難也辟罪也加誣以罪而戮之二孫子狐之子 辟 婢亦反 ○庚

寅。鄭子國、子耳侵蔡。獲蔡司馬公子燮。鄭人皆喜。子耳子良之子。蔡黨於楚。二子侵蔡以求媚於晉也。傳見子國所以彌人。唯子產不順。曰。小國無文德而有武功。禍莫大焉。楚人來討。能勿從乎。從之。晉師必至。晉楚伐鄭。自今鄭國不四五年弗得寧矣。子產子國之子。言四五年後晉楚之勢判。乃得安寧。子國怒之曰。爾何知。國有大命。而有正卿。童子言焉。將爲戮矣。大命軍旅之命。○五月甲辰。會于邢丘。以命朝聘之數。使諸侯之大夫聽命。季孫宿、齊高厚、宋向戌、衛甯殖、邾大夫會之。鄭伯獻捷于會。故親聽命。晉悼公不欲重煩諸侯。故使大夫聽命。時鄭伯以獻蔡捷故偶往。大夫不書。尊晉侯也。尊之云者。不以大夫敵諸侯也。獨書季孫宿。據魯史

成文也○愚按文二年晉宋陳鄭四國之卿伐秦○皆稱人而左氏曰尊秦謂之崇德其意與此同

莒人伐我東鄙。以疆鄫田。鄫田接於魯而疆界不明故莒既滅鄫復伐魯以正之鄫遂屬莒矣○愚按莒既滅鄫又復伐魯而霸討不及晉方有事秦楚故也據此則莒人以兵滅鄫明矣孰謂以其子繼鄫爲滅鄫耶○秋。九月。大雩。旱也。○冬。楚子囊伐鄭。討其侵蔡也。果如子產之言子駟。子國。子耳。欲從楚。子孔。子蟜。子展。欲待晉。子孔穆公子子蟜子游子子展子罕子待待來救也子駟曰。周詩有之曰。俟河之清。人壽幾何。兆云詢多。職競作羅。謀之多族。民之多違。事滋無成。民急矣。姑從楚以紓吾民。晉師至。吾又從之。敬共幣帛。以待來者。小國之道也。犧牲玉帛。待於二竟。以待彊者而庇民焉。寇不爲害。民不罷病。不亦可乎。周詩逸詩也言黃河水濁千年一清則人壽無多不能久俟以喻晉救之難待也兆卜詢謀主也言兆既卜而詢謀又多主於爭競而有羅網之難無有成功也族家滋益也言謀事者既多家民之心又多違則所謀之事益見其無成也紓緩也緩吾民之急也待來者待來伐我者而與之行禮也犧牲所以爲盟玉帛所以講會言奉此犧牲玉帛待于晉楚之竟以待兵力之強者而與之盟會以庇覆吾民焉蓋與之和則二國不能爲害不與之戰則吾民不至疲病此吾所以欲從楚之意也〔共〕音供〔竟〕音境〔罷〕音皮子展曰。小所以事大信也。小國無信。兵亂日至。亡無日矣。五會之信。今將背之。雖楚救我。將安用之。親我無成。鄙我是欲。不可從也。不如待晉。晉君方明。四軍無闕。八卿和睦。必不棄鄭。楚師遼遠。糧食將盡。必將速歸。何患焉。舍之聞之。杖莫如信。完守以老楚。杖信以待晉。不亦可乎。五會謂鄭與晉三年會雞澤五年會戚又會城棣七年會鄬八年會邢丘將安用之言得楚失信不足貴也親我謂晉無成不與成也鄬我謂楚是欲欲與成也明精明也四軍上中下新軍也軍有正佐故云八卿舍之子展名杖倚杖也守守城也子駟曰。詩云。謀夫孔多。是用不集。發言盈庭。誰敢執其咎。如匪行邁謀。是用不得于道。請從楚。騑也受其咎。詩小雅小旻篇孔甚也是國事也集成也盈庭庭多也邁徃也言謀之者多則是非相亂而不成盖發言而盈滿于庭設有不善誰肯受其咎者若不行不徃而坐圖遠近謀之雖審終不得其正路矣騑子駟名騑音非乃反楚平。傳見鄭之六卿異心所以不競使王子伯駢告于晉曰。君命敝邑。脩而車賦。儆而師徒。以討亂畧。蔡人不從。敝邑之人。不敢寧處。悉索敝賦。以討于蔡。獲司馬燮。獻于邢丘。今楚來討曰。女何故稱兵于蔡。焚我郊保。馮陵我城郭。敝邑之衆。夫婦男女。不皇啓處以相救也。翦焉傾覆。無所控告。民死亡者。非其父兄。卽其子弟。夫人愁痛。不知所庇。民知窮困而受盟于楚。孤也與其二三臣。不能禁止。不敢不告。伯駢鄭大夫而汝賦兵也蔡人不從特楚不從晉命也索搜保守馮迫也夫婦已嫁娶者男女未嫁娶者啓小跪也翦盡控引也夫人猶人人也庇庇覆其身也孤鄭伯自謂女音汝馮音憑知武子使行人子員對之曰。君有楚命。亦不使一介行李告于寡君。而卽安于楚。君之所欲也。誰敢違君。寡君將帥諸侯以見于城下。唯君圖之。楚命楚人見討之命一介獨使也行李行人也杜預氏云爲明年晉伐鄭傳○晉范宣子來聘。且拜公之辱。告將用師于鄭。拜公辱謝襄公之朝也公享之。宣子賦摽有梅。季武子曰。誰敢哉。今譬於草木。寡君在君。君之臭味也。歡以承命。何時之有。摽有梅詩召南篇摽落也梅盛極則落詩人以興女色盛則有衰廢士求之宜及其時宣子賦此詩欲魯及時同討鄭也不敢不敢後也臭味言同類也何時言遲速惟命不拘於時也〔摽〕婢小反武子賦角弓。賓將出。武子賦彤弓。宣子曰。城濮之役。我先君文公獻功于衡雍。受彤弓于襄王。以爲子孫藏。也先君守官之嗣也。敢不承命。君子以爲知禮。角弓詩小雅篇取其兄弟昬姻無相遠矣武子賦此此謂魯與晉兄弟之國當相親也彤弓亦詩小雅篇天子賜有功諸侯而作武子賦此欲使晉悼繼文之業復受彤弓于王也城濮之役在僖二十八

年爲子孫藏藏之以示子孫也宣子言我嗣其父祖爲先君守官不敢不承魯君之命以匡輔晉君也彤弓之義在於晉君故士匄受之爲知禮濮音卜

經丁酉九年春宋災來會故書○夏季孫宿如晉○五月辛酉夫人姜氏薨○秋八月癸未葬我小君穆姜無傳○冬公會晉侯宋公衛侯曹伯莒子邾子滕子薛伯杞伯小邾子齊世子光伐鄭十有二月己亥同盟于戲伐鄭而書同盟則鄭受盟可知○楚子伐鄭明年諸侯伐鄭則鄭與楚可知

傳九年春宋災樂喜爲司城以爲政樂喜子罕也宋人自知天道當有火災故樂喜素相戒勑爲備火之政使伯氏司里火所未至徹小屋塗大屋陳畚挶具綆缶備水器量輕重蓄水潦積土

塗。巡丈城。繕守備。表火道。使華臣具正徒。令隧正納郊保。奔火所。使華閱討右官。官庀其司。向戌討左。亦如之。使樂遄庀刑器。亦如之。使皇鄖命校正出馬。工正出車。備甲兵。庀武守。使西鉏吾庀府守。令司宮巷伯儆宮。二師令四鄉正敬享。祝宗用馬于四墉。祀盤庚于西門之外。伯氏宋大夫司里里宰也徹折去也塗泥濕也小屋易徹故徹之以開火道大屋難徹故塗之以殺火勢畚簣籠也挶土轝也綆汲索也缶汲器也水器儲水之瓮罋量輕重計人力所任也巡行也丈度也謂行度城壁之地繕治也謂繕治守備之處恐因災作亂也表火道從火之所向摽表其道也華臣華元子子為司徒正徒役徒也隧正官名五縣為隧納聚也謂聚郊野保守之民華閱亦華元子子為右師討治庀具也謂各具其官屬向戌為左師樂遄為司寇庀刑器保護刑書也皇鄖皇父充石之後或云車馬甲兵司馬之職校正主馬工正主車國有災患恐致姦寇故使皇鄖命此二官出車馬備兵甲以防非常也武守武師守備也西鉏吾爲大宰府守府庫之守司宮奄官巷伯寺人儆宮使各儆備宮內之事二師左右師卿正卿大夫享祀也祝大祝宗宗人墉城也城積陰之處故用馬祭於四墉以禳火盤庚殷王宋之遠祖故亦用馬祀之孔穎達氏云此備火災所使羣官急者在前緩者在後故先司里次具正徒次納郊保然後二師總庀羣臣以刑器車馬甲兵典法國之所重故特命三官庀具其物先外官備具救火然後及內故次司宮巷伯人事既畢乃祭享鬼神故次敬享祀盤庚之事〔畚〕音本〔挶〕音掬〔綆〕音梗〔缶〕浮上〔庀〕皮上〔鄖〕音云〔吾〕音魚

晉侯問於士弱曰吾聞之宋災於是乎知有天道何故對曰古之火正或食於心或食於咮以出內火是故咮爲鶉火心爲大火陶唐氏之火正閼伯居商丘祀大火而火紀時焉相土因之故

商主大火。商人閱其禍敗之釁，必始於火，是以日知其有天道也。士弱即士莊子濁渥子也知有天道知有火災也心大火東方星也味鶉火南方柳星也士弱言古者火正之官掌火有功後世祀之或以配食於大火之心星又或以配食於鶉火之柳星季春建辰之月鶉火星昏在南方則令民放火是爲出火季秋建戌之月大火星復在日下夜不得見則禁民放火是爲內火陶唐堯號閼伯高辛氏子爲唐火正居于商丘實祀大火大心星而紀出火內火以之時相士商之祖始代閼伯之後居商丘祀大火所商丘之地屬大火也閱猶數也商人數其前後禍敗敗之隙常由火災而啓宋乃商之後又在商丘之地是以先知天道之災必火也日先日也或云自字之悞恐非味音晝內音與納同鶉音純閼音遏相去聲

公曰：可必乎？對曰：在道。國亂無象，不可知也。言在君行道與否若國無道災變亦殊初無一定之象不可知其必然也

○陸粲氏曰：聞商人之禍敗始于獨夫，不聞以火。當春秋時，列國之災爁炎妄䄍者甚衆，非盡商之

子孫也然則辛伯之論踈矣獨所謂國亂無象者得之○夏季武子如晉報宣子之聘也宣子聘在八年穆姜薨於東宮穆姜淫於孫僑如欲廢成公故被放於大子之宮事在成十六年始往而筮之遇艮之八因穆姜薨而追記其始往東宮之筮艮上艮下艮此正卦遇艮之八揲蓍之法遇九爲老陽遇六爲老陰遇七爲少陽遇八爲少陰二老變而二少不變穆姜筮得艮卦初二四五爻九五爻皆變唯二得八爲少陰不變故云艮之八史曰是謂艮之隨隨其出也君必速出震下兑上隨史官言本卦是艮五爻皆變故之卦爲隨隨非閉固之卦有出之義君指穆姜言必不久居東位妄對以悅穆姜也姜曰亡是於周易曰隨元亨利貞无咎元體之長也亨嘉之會也利義之和也貞事之幹也體仁足以長人嘉德足以合禮利物足以和義貞固足以

幹事。然故不可誣也。是以雖隨無咎。今我婦人。而與於亂。固在下位而有不仁。不可謂元。不靖國家。不可謂亨。作而害身。不可謂利。弃位而姣。不可謂貞。有四德者。隨而無咎。我皆無之。豈隨也哉。我則取惡。能無咎乎。必死於此。弗得出矣。

亾與無同言無可出之理史據周易故穆姜亦引周易以折史之妄元始也於人爲首故云體之長亨通也萬物亨通之時乃嘉美之聚會也利遂也萬物成遂自然和悅故於義爲和貞正而固也物之堅固者可以爲幹故貞爲事之幹體仁體元也體法于乾之仁乃爲君長之道故君子體仁足以長人君子有嘉美之德則動與禮合故嘉德足以合禮君子利益萬物則雖斷制而不傷其利故利物足以和義君子以貞固立事猶枝葉之有幹故貞固足以幹事然必身有此四德而不誣罔是以雖遇隨卦而其身无咎今我婦人而與僑如爲亂婦人伏於丈夫固在下位而

有不仁之事不可謂元欲廢成公欲去季孟不能安靖國家不可謂亨作禍亂而自放於東宮不可謂利弃夫人之位而與臣下淫犾不可謂貞有此四德者隨則无咎我皆無之豈隨之義哉且我之爲惡咸其自取豈能無咎必死於宮無可出之理也校淫之別名杜預氏云傳言穆姜辨而無德(以)音無(長)上聲(與)音預。陳傳良氏曰穆姜不應自暴其過如此蓋卜筮托穆姜之言傳不能辨而妄信之今按傳所載占筮凡十八處皆此類。朱申氏曰元體之長也一段與文言畧同疑古書本有此語孔子作文言乃采而用之

附録 秦景公使士雅乞師于楚將以伐晉楚子許之士雅秦大夫秦晉世爲仇讎秦力不足以敵晉故乞兵于楚欲與楚併力伐晉(雅)音牵 子囊曰不可當今吾不能與晉爭晉君類能而使之舉不失選官不易方其卿讓於善其大夫不失守其士競於教其庶人力於農穡商工皁隸不知遷業韓厥老

矣知罃禀焉以爲政范匄少於中行偃而上之使佐中軍韓起少於欒黶而欒黶士魴上之使佐上軍魏絳多功以趙武爲賢而爲之佐君明臣忠上讓下競當是時也晉不可敵事之而後可君其圖之頻能別其能也不失選得所選也方猶宜也不易方不變其宜也讓于善遜下勝己者不失守各任其職也競于教勉力以奉令也種曰農收曰穡皁隸卑役不遷專其業也禀咨禀也罃代厥將中軍其政令一咨禀於厥上之居己上也魏絳有和戎之功故云多功上讓在尊位者以禮相遜也下競在卑職者以力相勉也行音杭王曰吾既許之矣雖不及晉必將出師不及晉德不及晉也必出師不欲失信也秋楚子師于武城以爲秦援秦人侵晉晉饑弗能報也杜預氏云爲十年晉伐秦傳○冬十月諸侯伐鄭庚午

季武子。齊崔杼宋皇鄖。從荀罃士匄門于鄟門。衛北宮括曹人邾人。從荀偃韓起門于師之梁。滕人薛人。從欒黶士魴門于北門。杞人郳人。從趙武魏絳斬行栗。甲戌師于氾。令於諸侯曰。脩器備盛餱糧歸老幼。居疾于虎牢。肆眚圍鄭。鄭人恐乃行成。是時晉因鄭服復以虎牢與鄭故鄭又從楚而諸侯伐之鄟門鄭城門名攻鄟門者中軍也梁亦鄭城門名攻梁者上軍也攻北門者下軍也行栗表道樹也斬行栗者新軍也氾鄭地器兵器備戰備餱乾食也歸老幼示將久師也疾疾病之人諸侯已取鄭虎牢故使諸軍疾病者居息其中肆緩眚過也言肆赦諸軍之有過犯者而後圍鄭鄟音專氾音凡○愚按秦來侵晉晉既以饑故弗報矣鄭方服楚晉即合諸侯以伐之者何盖報秦不過逞志於西戎而得鄭則可以稱雄於中國將急於其所必爭不得不忽于其所可緩此悼公圖霸之大畧也卒之既服鄭而歸卽謀所以息民而輸積聚以貸亦以饑故爾　中行獻子曰遂圍之以待楚人之救也而與之戰不然無成獻子荀偃也不然不圍鄭也成成功也恐楚伐鄭鄭復屬之無成功也　知武子曰許之盟而還師以敝楚人吾三分四軍與諸侯之銳以逆來者於我未病楚不能矣猶愈於戰暴骨以逞不可以爭大勞未艾君子勞心小人勞力先王之制也武子荀罃也敝罷也三分四軍謂分上中下新四軍爲三部來者楚也艾息也武子言許之盟而還師楚必救鄭使其兵力罷病吾三分四軍更番而出與諸侯之精銳以逆楚是我兵不爲疲而楚兵三來將不勝其勞而不能敵矣豈不勝於與楚戰乎蓋暴骨而戰以快其欲者不可以爭勝是大勞役未得休息也君子尚謀所謀在心小人尚力所勞在力先王以君子治小人之法如此罃之意蓋謂晉但勞心以制楚楚必勞力而受制于晉也

諸侯皆不欲戰。乃許鄭成。十一月。己亥。同盟于戲。鄭服也。鄭服故經書同盟將盟。鄭六卿公子騑。公子發。公子嘉。公孫輒。公孫蠆。公孫舍之。及其大夫門子皆從鄭伯。騑子駟名發子國名輒子耳名蠆子蟜名舍之子展名卿之適子謂門子蠆盡邁反晉士莊子爲載書曰。自今日既盟之後。鄭國而不唯晉命是聽而或有異志者。有如此盟。載書盟書也此盟謂違盟之罰公子騑趨進曰。天禍鄭國。使介居二大國之閒。大國不加德音而亂以要之。使其鬼神不獲歆其禋祀。其民人不獲享其土利。夫婦辛苦墊隘。無所底告。自今日既盟之後。鄭國而不唯有禮與彊可以庇民者是從。而敢有異志者亦如之。（子駟不受此盟，故趨而進。介，猶間也。二大國，指晉楚。亂以要之，以兵亂之，力強要使服也。辛若難嘗之味。蟄隘，委頓之狀。底，至也。子駟之言蓋不肯專服晉也。）荀偃曰：改載書。（子駟亦以所言載於策，故偃欲使改之。）公孫舍之曰：昭大神要言焉，若可改也，大國亦可叛也。（昭，告也。要言，盟誓之言。）知武子謂獻子曰：我實不德，而要人以盟，豈禮也哉？非禮，何以主盟？姑盟而退，脩德息師而來，終必獲鄭，何必今日？我之不德，民將弃我，豈唯鄭？若能休和，遠人將至，何恃於鄭？（獲，服也。休和，休諸侯之力以和其心也。）乃盟而還。（服鄭之謀已定，不賴于盟，故遂用兩載書。）晉人不得志於鄭，以諸侯復伐之。十二月癸亥，門其三門。閏月戊寅，濟于陰阪，侵鄭，次于陰口而還。晉以戲之盟鄭人不從晉志故復以諸侯之兵伐鄭三門即鄟門梁北門也晉果三分其軍各攻一門陰阪有津晉自濟師而去復侵鄭之外邑陰口鄭地杜預氏云以長曆參攷上下此年不得有閏月戊寅疑閏月當爲門五日五字上與門字合爲閏則後學者自然轉日爲月也○啖助氏曰左氏云冬十月諸侯伐鄭下又云諸侯復伐之十二月癸亥門其三門蓋誤重說也右史或用周正或用夏正作傳者承兩國之舊史月數不同遂兩載之

子孔曰。晉師可擊也。師老而勞。且有歸志。必大克之。子展曰。不可。子展以晉彊不可重怒故云不可杜預氏云傳言子展能守信○黃震氏曰趙氏謂晉欲得鄭當先制楚欲制楚當先結吳以掎楚楚忌吳之斷其後必不敢長驅鄭郊愚謂鄭處晉楚之間亦難附矣晉不幸而遇楚之彊謀所以安中國亦難矣○錄

公送晉侯。晉侯以公宴于河上。問公年。季武子對曰。會于沙隨之歲。寡君以生。沙隨會在成十六年晉侯曰。十二年

矣是謂一終一星終也國君十五而生子冠而生子禮也君可以冠矣大夫盍爲冠具歲星十二年而一周天故云一星終生子者成人之事而冠者成人之禮故必冠禮既减乃可娶而生子此古禮也盖悼公意欲遂與之冠爾冠音貫下同武子對曰君冠必以祼享之禮行之以金石之樂節之以先君之祧處之今寡君在行未可具也請及兄弟之國而假備焉晉侯曰諾祼謂灌鬯酒也享祭先君也金石鍾磬也節舉動之節冠必見廟諸侯以始祖之廟爲祧行行役也在行無禮樂之文故冠禮未可具假備假借鍾磬以行禮也公還及衛冠于成公之廟假鐘磬焉禮也魯始祖周公衛始祖康叔親兄弟也此所謂兄弟之國成公衛獻公曾祖于其廟者從衛所處也此所謂以先君之祧處之假衛鐘磬此所謂以金石之樂節之武子以悼公欲速故寄衛廟而假鐘磬其祼

享之禮歸魯乃祭爾禮得禮之權宜也○愚按聞之君子禮變於不得已悼公宴公於河上年焉而命之冠居然藐諸之意矣武子既知君冠有禮則盡對之曰歸而行于祖廟未爲後時而拂其請也而顧寄於衛廟假鍾磬焉鐘鼓可假先君其可假乎禮苟變而可則何適而不可也○楚子伐鄭以鄭與晉成之故子駟將及楚平子孔子蟜曰與大國盟口血未乾而背之可乎盟者歃血飲酒血未乾言盟尚新也乾音干背音佩下同子駟子展曰吾盟固云唯彊是從今楚師至晉不我救則楚彊矣盟誓之言豈敢背之且要盟無質神弗臨也所臨唯信信者言之瑞也善之主也是故臨之明神不蠲要盟背之可也質主瑞符蠲絜也言二盟初無定主明神必不監而臨之蓋明神所臨惟在于信信者言語之符瑞爲善之宗主也是故明神臨之以監其言今晉要我爲盟而無信明

神必不潔其盟而臨之即令背之亦無不可況未嘗背盟乎要平聲乃及楚平。公子罷戎入盟。同盟于中分。楚莊夫人卒。王未能定鄭而歸。罷戎楚大夫中分鄭城中里名莊夫人共王母罷音皮○附錄晉侯歸謀所以息民。魏絳請施舍。輸積聚以貸。自公以下。苟有積者盡出之。國無滯積。亦無困人。公無禁利。亦無貪民。祈以幣更。賓以特牲。器用不作。車服從給。行之期年。國乃有節。三駕而楚不能與爭。晉侯以代鄭未得志謀所以息民而用之施施恩惠舍舍勞役輸委輸也滯積滯而不散之積困人困而不遂之人利與民共故無禁民知禮讓故無貪幣更以幣而易牲也特牲特用一牲也不作仍舊也從給足給事也有節上下有度也三駕三興師謂十年師于牛首十一年師于向其秋觀兵于鄭東門自是鄭遂服楚不能與晉爭傳言悼公所以復覇更音庚期

音基

春秋左傳註評測義卷之三十三終

左氏傳測義

11

自卅四
至卅七

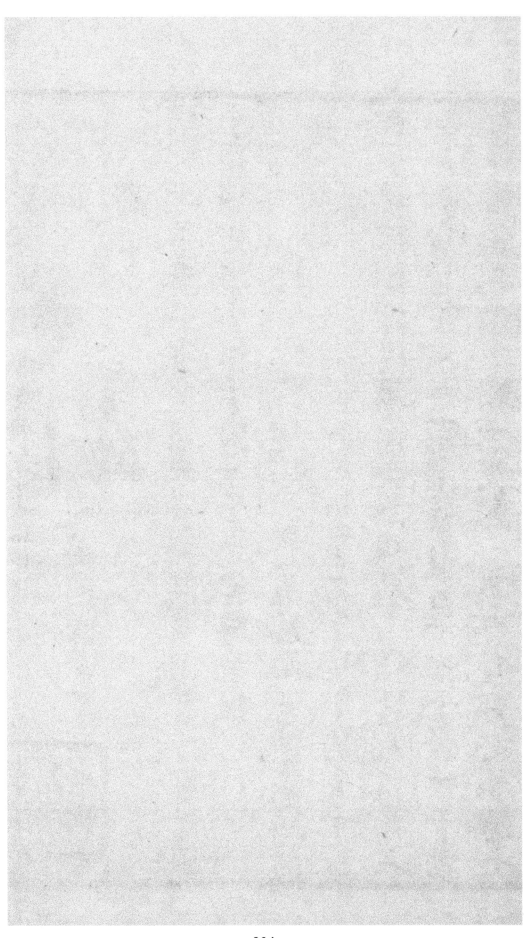

春秋左傳註評測義卷之三十四

明吳興後學凌稚隆輯著

襄公三

經 戊戌 十年春。公會晉侯宋公衛侯曹伯莒子邾子滕子薛伯杞伯小邾子齊世子光會吳于柤。吳子在柤晉以諸侯往會故云會吳柤楚地在今南直隸沛縣界(柤)音查 ○夏五月甲午遂滅偪陽。偪陽近宋小國今山東嶧縣有偪陽城(偪)音福 ○公至自會。無傳 ○楚公子貞鄭公孫輒帥師伐宋。○晉師伐秦。○秋莒人伐我東鄙。○公會晉侯宋公衛侯曹伯莒子邾子齊世子光滕子薛伯杞伯小邾子伐鄭。○冬盜殺鄭公子騑公子癸公孫輒。程子云盜殺三卿不書大夫失卿職也 ○戍鄭虎牢。獨書魯戍而不叙諸侯以伐鄭諸侯冬受晉命戍虎牢不復爲告命故也 ○楚公子貞帥師救鄭。林堯叟氏曰楚數救鄭皆不書於是始書救鄭以爲晉悼復覇楚欲救而不能也是故書救陳見晉之終失陳書救鄭見楚之終失鄭云爾 ○公至自伐鄭。無傳

【傳】十年春會于柤會吳子壽夢也。壽夢卽吳子乘 三月癸丑齊高厚相大子光以先會諸侯于鍾離不敬士莊子曰高子相大子以會諸侯將社稷是衛而皆不敬弃社稷也其將不免乎。高厚卽高固子時吳子未至故光先從東道與東諸侯會遇非本期之地且不以告魯故不書會杜預氏云爲十九年齊殺高厚二十五年殺其君光傳相去聲 夏四月戊午會于柤。傳言夏會而經書春蓋經書始行傳言會日也癸丑戊午二日相近

見非二會也○黄震氏曰晉方患楚是欲通吳而吳道多阻今會于彭城之祖所以通吳之來路○晉荀偃士匄請伐偪陽而封宋向戌焉荀罃曰城小而固勝之不武弗勝爲笑固請丙寅圍之弗克向戌宋大夫偪匄以宋事晉恭而向戌有賢行故欲城偪陽而封之爲附庸國偪音餉孟氏之臣秦堇父輦重如役堇父孟獻子家臣步挽重車以從偪陽之役堇音謹偪陽人啓門諸侯之士門焉縣門發郰人紇抉之以出門者啓開也縣編板如門施關機以縣門上發下也諸侯之士見偪陽門開遂攻其門已而攻門者入偪陽人發機下縣門以閉攻門者於內郰魯邑紇郰邑大夫仲尼父叔梁紇也紇抉縣門以出攻門者縣音玄紇音轄抉音結狄虒彌建大車之輪而蒙之以甲以爲櫓左執之右拔戟以成一隊孟獻子曰詩所謂有力如虎者也

狄虒彌魯人建立蒙覆也櫓大楯也蓋以車輪覆甲代大楯之用以示有功也百人爲隊成一隊者以一人當百人也詩邶風簡兮篇虒音斯隊徒對反 主人縣布。堇父登之，及堞而絕之。隊，則又縣之。蘇而復上者三。主人辭焉，乃退。帶其斷以徇於軍三日。主人偪陽人縣布於城以試外之有勇敢登者堇父緣布以登堞女墻也將及女墻偪陽人絕之使隊如此者三偪陽人嘉其勇辭謝不復縣布堇父退而帶其所斷之布徧徇魯軍三日示其勇也隊音墜復浮去 諸侯之師久於偪陽，荀偃、士匄請於荀罃曰：水潦將降，懼不能歸，請班師。向夏之月恐有霪雨班還也 知伯怒，投之以機，出於其閒，曰：女成二事而後告余。余恐亂命，以不女違。女既勤君而興諸侯，牽帥老夫以至于此，既無武守，而又欲易余罪，曰是實班師。不然克矣。余羸老也。可重任乎。七日不克。必爾乎取之。知伯卽荀罃機與几同怒而以機投之出於二子之間言女已成伐偪陽封向戌二事而後告我我恐亂女已成之命故不違女請女既勞君興諸侯而牽帥老夫以至此既無武功可守而又欲攺易其罪而歸於我曰乃荀罃實欲還師不然已克偪陽矣余羸弱之老也可任此重責乎今與女約若七日不克偪陽必取女二人以謝不克之罪重去聲五月。庚寅。荀偃士匄帥卒攻偪陽。親受矢石。甲午滅之。書曰遂滅偪陽。言自會也。兵法守城用儡石以擊攻者故云受石自會言因祖之會遂滅之也以與向戌。向戌辭曰。君若猶辱鎭撫宋國。而以偪陽光啓寡君。羣臣安矣。其何貺如之。若專賜臣。是臣興諸侯以自封也。其何罪大焉。敢以死請。乃予宋公。鎭安撫綏光昭啓開也安謂安于晉

君之賜

宋公享晉侯於楚丘。請以桑林。荀罃辭。荀偃士匄曰。諸侯宋魯於是觀禮。魯有禘樂。賓祭用之。宋以桑林享君。不亦可乎。舞師題以旌夏。晉侯懼而退入于房。去旌。卒享而還。桑林殷天子之樂湯有七年之旱禱桑林而得雨遂以名樂宋王者後魯以周公故用天子禮樂故云於是觀禮禘王祭樂亦如之賓賓客祭祭祀言魯以禘樂待賓客則宋以桑林享吾君無不可者舞師樂師旌夏大旌也題識也舞人初入之時舞師建旌夏以引舞人而人以識其舞人之首悼公見此非常驚懼而退於更衣之房宋人感悼公有禮乃去旌然後終享禮而歸

(一)愚按桑林殷天子之樂宋人以祀其先公者也而可奏之晉侯乎魯有禘樂用之於賓賓稱禮之不中者也而偃可援以為此乎昔工歌湛露甯子不答及著金奏肆夏叔孫辭焉惜乎晉侯之無若原也

雍疾。卜桑林見。荀偃士匄欲奔請禱焉。荀罃不可。曰。

我辭禮矣。彼則以之。猶有鬼神。於彼加之。著雍晉地桑林見桑林之祟見於卜兆也請禱還宋禱謝也以用也言我辭桑林不敢當天子之禮而宋則用之若桒林果有鬼神自當加罪于宋不當于晉也見音現晉侯有間。以偪陽子歸。獻于武宮。謂之夷俘。偪陽。妘姓也。使周內史選其族嗣。納諸霍人。禮也。間疾差也偪陽非夷而謂之夷者中國之俘不當獻廟故諱而改名之也禮天子不滅國諸侯不滅姓晉侯以偪陽不當絕祀故歸諸天子使周內史選其族之賢者嗣之令居霍以奉妘祀內史掌爵祿廢置者使內史示有王命也霍晉邑善不滅姓故云禮○劉敞氏曰以是為禮諸侯其誰不樂滅國乎師歸。孟獻子以秦堇父為右。生秦丕茲。事仲尼。以堇父為車右嘉其勇力也杜預氏云言堇父以力相尚其子事仲尼以德相高○六月。楚子囊鄭子耳伐宋。師于訾毋。庚午。圍宋。門于桐門。楚鄭伐宋以宋受偪陽故訾毋宋地桐門宋城門訾音貲毋音無○晉荀罃伐秦報其侵也秦侵晉在九年○愚按偪陽楚與國晉滅之而以與宋則楚連鄭師以伐宋勢也乃晉不宋是救而顧伐秦以報私怨豈所以覇哉○附錄衛侯救宋師于襄牛衛救宋以與晉也襄牛宋地鄭子展曰必伐衛不然是不與楚也得罪於晉又得罪於楚國將若之何子駟曰國病矣子展曰得罪於二大國必亾病不猶愈於亾乎諸大夫皆以為然故鄭皇耳帥師侵衛楚令也鄭又伐衛以與楚也國病師數出疲病也皇耳皇戌子鄭之侵衛亦以兼受楚之勑命故云楚令孫文子卜追之獻兆於定姜姜氏問繇曰兆如山陵有夫出征而喪其雄姜氏曰征者喪雄禦寇之利也大夫圖之衛人追之

孫蒯獲鄭皇耳于犬丘定姜衛定公夫人繇兆辭言兆如山陵之多有大夫出任征討之事而喪失其大夫雄大夫之象此繇辭也蒯孫文子之子繇音胄喪去聲○附錄秋七月楚子囊鄭子耳侵我西鄙還圍蕭八月丙寅克之九月子耳侵宋北鄙蕭宋邑時楚鄭志在圍蕭非實伐魯故經不書孟獻子曰鄭其有災乎師競已甚周猶不堪競況鄭乎有災其執政之三士乎競強也鄭師伐魯圍蕭克蕭侵宋故云師競已甚三士子駟子國子耳也杜預氏云爲下盜殺三大夫傳○莒人間諸侯之有事也故伐我東鄙時諸侯有討鄭事間去聲○諸侯伐鄭此因鄭人從楚伐宋而伐之齊崔杼使大子光先至于師故長於滕己酉師于牛首大子宜賓以上卿晉以齊先至之故令在滕侯上故傳釋之牛首鄭地九年傳謂晉三駕而楚不能與爭此其

一也〔長〕上聲○初子駟與尉止有爭將禦諸侯之師而黜其車尉止獲又與之爭子駟抑尉止曰爾車非禮也遂弗使獻諸侯之師即師于牛首者黜減損也獲獲囚也爭爭所獲也抑裁抑也以其過制故云非禮獻獻所獲也初子駟爲田洫司氏堵氏侯氏子師氏皆喪田焉故五族聚群不逞之人因公子之徒以作亂洫田畔溝也先是子駟爲田洫以正疆界而侵四族之田故皆喪田五族兼尉止言不逞不快志也公子之徒八年所殺子狐子僖子侯子丁之黨〔洫〕況域反〔堵〕音者於是子駟當國子國爲司馬子耳爲司空子孔爲司徒冬十月戊辰尉止司臣侯晉堵女父子師僕帥賊以入晨攻執政于西宮之朝殺子駟子國子耳刼鄭伯以如北宮子孔知

之故不死。當國攝君事也西宮之朝公宮之西朝也子孔卽公子嘉知難不告利得其處也故
不及于難杜預氏云爲十九年殺公子嘉傳 書曰盜。言無大夫焉。大夫謂
卿尉止等五人以微故書盜此傳釋書盜例 子西聞盜。不儆而出。尸而追盜。盜
入於北宮。乃歸授甲。臣妾多逃。器用多喪。子西子駟之子公孫
夏也不儆不戒儆守備者尸臨父尸也 子產聞盜。爲門者。庀羣司。閉府
庫。慎閉藏。完守備。成列而後出。兵車十七乘。尸而攻
盜於北宮。子蟜帥國人助之。殺尉止、子師僕。盜衆盡
死。侯晉奔晉。堵女父、司臣、尉翩、司齊奔宋。子產子國之子公孫
僑也爲門置守門者庀備也羣司衆官也尉翩尉止子司齊司臣子 子孔當國。爲載書。
以位序。聽政辟。大夫、諸司、門子弗順。將誅之。是時鄭伯弱子

孔專權自以身既當國望其一聽于巳爲盟載之書曰自羣卿諸司以下皆以位之次序一聽執政之法辟法也門子卿之適子辟音闢子產止之請爲之焚書書勸令燒除載書爲去聲子孔不可曰爲書以定國衆怒而焚之是衆爲政也國不亦難乎書即載書難難以治也子產曰衆怒難犯專欲難成合二難以安國危之道也不如焚書以安衆子得所欲衆亦得安不亦可乎專欲無成犯衆興禍子必從之所欲爲政也乃焚書於倉門之外衆而後定焚於外欲令衆見之衆於是定○諸侯之師城虎牢而戍之晉師城梧及制梧制皆鄭舊邑晉率諸侯以伐鄭而未服故大脩虎牢城而戍之欲以逼鄭杜預氏云經不書城魯不與也書曰戍鄭虎牢非鄭地也言將歸

焉。虎牢雖鄭地二年晉旣城之則虎牢久已屬晉非復鄭地乃晉侯之意鄭人若服將復歸之故夫子探其本心而繫之于鄭以見晉志○王樵氏曰城虎牢不繫之鄭者時鄭方從楚中國取其虎牢而城之爲中國守險以制鄭非爲鄭而城之也城虎牢而繫之鄭者時鄭將從晉中國恐楚伐鄭故置兵守衛以拒楚是爲鄭而戍之也 鄭及晉平。以諸侯戍虎牢故 楚子囊救鄭。十一月，諸侯之師還鄭而南，至於陽陵，楚師不退。知武子欲退，曰：今我逃楚，楚必驕，驕則可與戰矣。欒黶曰：逃楚，晉之恥也。合諸侯以益恥，不如死。我將獨進。師遂進。己亥，與楚師夾潁而軍。還繞也陽陵鄭地逃避也武子荀罃也潁水名 子蟜曰：諸侯旣有成行，必不戰矣。從之將退，不從亦退。退，楚必圍我，猶將退也。不如從楚，亦以退之。宵涉潁與楚人盟。從猶服也言諸侯既有去志必無鬥心古論鄭服不服皆退諸侯既退楚必圍鄭諸侯雖見鄭之受圍猶將退師而去故不如亦服于楚亦可以退楚之師於是夜渡與楚盟畏晉知之也

欒黶欲伐鄭師。荀罃不可。曰。我實不能禦楚。又不能庇鄭。鄭何罪。不如致怨焉而還。今伐其師。楚必救之。戰而不克。爲諸侯笑。克不可命。不如還也。鄭師謂涉潁者致怨于鄭所以爲後伐之資也命猶必也言勝負難要不可命以必克也

丁未。諸侯之師還。侵鄭北鄙而歸。楚人亦還。侵鄭欲以致怨也楚還以鄭服楚也○附錄

王叔陳生與伯輿爭政。王右伯輿。王叔陳生怒而出奔。及河。王復之。殺史狡以說焉。不入。遂處之。二人皆王卿士右助也說說陳生也處之居于河上也說音悅　晉侯使士匄平王室。王叔與伯

輿訟焉。王叔之宰與伯輿之大夫瑕禽坐獄於王庭。士匄聽之。獄訟也周禮命夫命婦不躬坐獄訟故使宰與屬大夫訟曲直○孫應鰲氏曰卿士爭政天子不能官人矣又不能自決而待諸侯之卿聽之王叔之宰曰篳門閨竇之人而皆陵其上其難為上矣篳門柴門閨竇穿壁為小戶上銳下方狀如圭也言伯輿家微不得陵上瑕禽曰昔平王東遷吾七姓從王牲用備具王賴之而賜之騂旄之盟曰世世無失職若篳門閨竇其能來東底乎且王何賴焉今自王叔之相也政以賄成而刑放於寵官之師旅不勝其富吾能無篳門閨竇乎唯大國圖之下而無直則何謂正矣牲犧牲用器用賴特也騂旄赤牛也言先世以七姓從王為王備牲犧共祭祀而王特其用故以赤牛與盟使不失其職東謂洛陽底至也何賴何恃其用而與盟也賂成以賄賂而成也故寵放赦自寵臣而出也師旅長官也不勝其富以受賂故也言政刑皆私屬長受賂而富則伯輿之輩不得不貧賤也圖猶議也傳云正直爲正正曲爲直故瑕禽自言巳理甚直設若不被上知而使在下者無直則在上者何謂能正人之曲直乎盖勸宣子使心止也〔從〕去聲〔底〕音旨〔相〕去聲〔勝〕平聲**范宣子曰。天子所右寡君亦右之。所左亦左之。使王叔氏與伯輿合要。王叔氏不能舉其契**人有左右右便而左不便故以所助者爲右不助者爲左宣子知伯輿直故推之于王不欲自專也合要合要約之辭以相辨詰也舉契具辭也伯輿直王叔無以應之故不能具要契之辭傳見周衰至使晉大夫聽王卿士之訟**王叔奔晉。不書。不告也。單靖公爲卿士。以相王室。**代王叔

〔經〕己亥**十有一年春王正月。作三軍。**林堯叟云志三家分公室之始○

夏。四月。四卜郊。不從。乃不郊。與僖三十一年文同○鄭公孫舍之師。師侵宋。○公會晉侯宋公衛侯曹伯齊世子光莒子邾子滕子薛伯杞伯小邾子伐鄭。○秋。七月。己未。同盟于亳城北。亳北鄭地鄭從晉與盟故云同盟○公至自伐鄭。無傳○楚子鄭伯伐宋。○公會晉侯宋公衛侯曹伯齊世子光莒子邾子滕子薛伯杞伯小邾子伐鄭。會于蕭魚。蕭魚鄭地伐鄭爲會于蕭魚序績也○公至自會。無傳○楚人執鄭行人良霄。良霄即伯有公孫輒之子○冬。秦人伐晉。

傳十一年春。季武子將作三軍。告叔孫穆子曰。請爲三軍。各征其軍。穆子曰。政將及子。子必不能。魯惟上下二軍皆屬于公公稅其民以分賜羣臣今季氏欲專其民人故假以政作爲名請分爲三軍令屬三家各征其軍之家屬政謂霸國之政穆子言若作三軍則爲大國霸主重貢之政將及于子子必不能堪其誅求盖謂三軍不可爲也一說穆子知季氏將執魯政必厚自封殖不能終均爲二 武子固請之。穆子曰。然則盟諸。乃盟諸僖閎。詛諸五父之衢。武子方志在分國而固請穆子料其必復變易故要與爲盟衖門謂之閎僖閎僖宮之門詛以禍福之言相要也五父衢道名在今山東曲阜縣西南詛則慮反父音甫 正月。作三軍。三分公室而各有其一。三子各毁其乘。往時三家分其國之一軍以爲己之私乘今旣三分公室不必更立私乘故各毁其乘分以成三軍之數 季氏使其乘之人。以其役邑入者無征。不入者倍征。孟氏使半爲臣。若子若弟。叔孫氏使盡爲臣。不然不舍。季氏使其分得軍乘之人率其役之與邑來入季氏者則無公征若不以入季氏者則使公家陪征之蓋利害以驅民民畏陪征故盡歸季氏孟氏推取其子弟之半為已臣蓋四分其乘之人以三歸公而取其一叔氏使其子弟盡為已臣惟以父兄歸公三家之本謀如此不然不舍其故法而別改作也此句是要契之言

○鄭人患晉楚之故。諸大夫曰。不從晉。國幾亡。楚弱於晉。晉不吾疾也。晉疾。楚將辟之。何為而使晉師致死於我。楚弗敢敵。而後可固與也。鄭自八年以來晉楚更迭伐鄭故鄭以為患幾近疾急也言鄭不服晉則國近于亡蓋楚弱于晉晉惟不急爭鄭爾若晉急于爭鄭楚必避之當作何計使晉盡力以急攻我致楚畏晉不敢與敵而後可堅固事晉也辟音避 子展曰。與宋為惡。諸侯必至。吾從之盟。楚師至。吾又從之。則晉怒甚矣。晉能驟來。楚將不能。吾乃固與晉。子展以晉素厚宋故謀伐宋以挑之晉以諸侯之師更番而出故能數來楚人全軍而出不勝其勞故不能數來大夫說之使疆埸之司惡於宋宋向戌侵鄭大獲司守也說音悅子展曰師而伐宋可矣若我伐宋諸侯之伐我必疾吾乃聽命焉且告于楚楚師至吾又與之盟而重賂晉師乃免矣可謂可出師伐宋免謂免於晉楚之難夏鄭子展侵宋○四月諸侯伐鄭己亥齊大子光宋向戌先至于鄭門于東門其莫晉荀罃至于西郊東侵舊許衛孫林父侵其北鄙六月諸侯會于北林師于向右還次于瑣圍鄭觀兵于南門西濟于濟隧鄭人懼乃行成舊許許之舊國鄭新邑也向鄭地今河南尉氏縣有向城北行而西爲右還瑣亦鄭地今中牟縣有瑣侯亭觀示也濟隧水名九年傳謂晉三駕而楚不

能爭此其二
也〔莫〕音暮
秋七月同盟于亳范宣子曰不慎必失
諸侯諸侯道敝而無成能無貳乎乃盟亳鄭地慎敬
威儀謹辭令
也道敝疲
於道路也
載書曰凡我同盟毋蘊年毋壅利毋保姦
毋留慝救災患恤禍亂同好惡奬王室或閒茲命司
慎司盟名山名川羣神羣祀先王先公七姓十二國
之祖明神殛之俾失其民隊命亾氏踣其國家蘊年
蘊積
年穀而不分災也壅利壅塞山川之利而專于已也
保姦藏慝罪人〔留〕慝收留惡人閒違也二司皆天神
名山五岳四鎮之神名川四瀆之神羣祀凡神之在
神典者先王諸侯大祖先公諸國始封君七姓晉魯
衛鄭曹滕姬姓二邾曹姓宋子姓齊姜姓莒已姓杞
姒姓薛壬姓於時同盟凡十三國言十二誤也殛誅
也命天命氏氏族踣斃
也〔毋〕音無踣蒲北反
○楚子囊乞旅于秦秦右大

禎

夫詹師師從楚子。將以伐鄭。鄭伯逆之。丙子伐宋。楚勢
孤立故乞師旅于秦以爲助鄭方受
晉盟遂逆楚伐宋復用子展之謀也○九月諸侯悉
師以復伐鄭。鄭人使良霄大宰石㚟如楚告將服于
晉。曰孤以社稷之故。不能懷君。君若能以玉帛綏晉。
不然則武震以攝威之。孤之願也。楚人執之。鄭既受晉之盟
而又逆楚師故此夏伐鄭之諸侯皆復悉起兵以伐
鄭懷猶服也楚不能與晉爭而怒鄭之從晉故執使
㚟物畧反書曰行人。言使人也。經書行人見非使人之罪
石㚟爲介故經不書既成
而後告執故經書執在會後杜預氏云古者兵交使
在其間所以通命示整或執殺之皆以爲譏○高閌
氏曰楚不能得鄭故執良霄以舒憤懣不平之
氣自是不復出師與晉爭鄭於是堅從晉矣○諸
侯之師觀兵于鄭東門。鄭人使王子伯駢行成。甲戌。

晉趙武入盟鄭伯。冬。十月。丁亥。鄭子展出盟晉侯。十二月。戊寅。會于蕭魚。杜預氏云二盟不書不告經書秋史官失之○愚按鄭自子駟子國子耳決策從楚連歲罷於兵力以故子展當國謀欲從晉亦既知所向背矣然不即安于晉必待伐宋以致諸侯之伐而後乃籍以絕楚是何策哉若晉悼公制楚服鄭之功可為春秋盛事比於召陵有光焉

庚辰。赦鄭囚。皆禮而歸之。納斥候。禁侵掠。晉知鄭服以誠故即示以休兵示孚於好晉侯使叔肸告于諸侯。公使臧孫紇對曰。凡我同盟。小國有罪。大國致討。苟有以藉手。鮮不赦宥。寡君聞命矣。叔肸即叔向告諸侯亦使赦鄭囚紇言晉討小國苟有成功可以薦藉其手晉無不放赦其罪人者德義如此敢不承命九年傳謂晉三駕而楚不能爭此其三也藉在夜反○程子曰鄭不可信晉悼公推至誠以待人信之不疑自此鄭不致背晉者二十四年

○鄭人

賂晉侯以師悝、師觸、師蠲。廣車、軘車淳十五乘。甲兵備。凡兵車百乘。歌鍾二肆。及其鎛磬。女樂二八。鄭人欲堅事晉故遂納賂悝觸蠲皆樂師廣車横陳之車軘車輔守之車皆兵車名淳耦也廣軘車相耦凡十五乘并他兵車共百乘歌鍾繫鍾以節歌也肆列也縣鍾十六爲一肆二肆三十二鍾也鎛大鍾也二八十六人也〔悝〕音恢〔軘〕音屯晉侯以樂之半賜魏絳曰。子教寡人和諸戎狄以正諸華。八年之中。九合諸侯。如樂之和。無所不諧。請與子樂之。和戎在四年自四年至今年凡八年九合諸侯謂五年會戚又會城棣救陳七年會鄢八年會邢丘九年盟于戲十年會相又伐鄭戍虎牢十一年同盟于亳城北又會蕭魚諧亦和也辭曰。夫和戎狄。國之福也。八年之中。九合諸侯。諸侯無慝。君之靈也。二三子之勞也。臣何力之有焉。

抑臣願君安其樂而思其終也。詩曰：樂旨君子，殿天子之邦。樂旨君子，福禄攸同。便蕃左右，亦是帥從。夫樂以安德，義以處之，禮以行之，信以守之，仁以厲之，而後可以殿邦國，同福禄，來遠人，所謂樂也。書曰：居安思危。思則有備，有備無患。敢以此規。樂今日之樂，終事功之終。

詩小雅采菽篇。殿，鎮；攸，所也。便蕃，數也，猶言衆也。言君子以有樂美之德，可以鎮撫天子之國，故爲福禄之所歸。既能鎮邦國受福禄，雖其左右之臣便蕃之衆，亦於是相帥而來從也。安，和其心；處，制其事；行，施其教；守，守其行；厲，厚其俗。言脩此五德而後可以殿天子之邦，可使福禄攸同，可使遠人便蕃左右，乃可謂樂，非徒金石而已也。書，逸書。樂，音洛。殿，顛去。便，平去。

公曰：子之教，敢不承命。

抑微子，寡人無以待戎，不能濟河。夫賞，國之典也，藏在盟府不可廢也。子其受之。言戎不和則有反顧之憂故不能渡河而南爭鄭盟府司盟之府周禮司盟會同則掌其盟約之載寫盟書二一埋盟處一藏盟府魏絳於是乎始有金石之樂。禮也。金鍾石磬禮大夫有功則賜樂故云禮○愚按悼公用魏絳和戎之策庻以匡服中夏功成受賞不可謂過○乃知武子敝楚之功豈出絳下而樂不及焉何歟

秦庻長鮑庻長武帥師伐晉以救鄭。鮑先入晉地士魴御之。少秦師而弗設備。壬午武濟自輔氏與鮑交伐晉師。已丑秦晉戰于櫟。晉師敗績。易秦故也。庻長秦爵鮑武二人庻長名時秦與楚通好故秦為楚以救鄭少弱之也濟自輔氏從輔氏渡河也櫟晉地經不書敗績不與秦之為楚救鄭也長易俱去聲

經庚子十有二年。春王三月。莒人伐我東鄙。圍台。台魯邑今

山東費縣舊有台亭〖台〗勑才反季孫宿帥師救台。遂入鄆。乘勝故云遂鄆莒邑

○夏，晉侯使士魴來聘。○秋，九月，吳子乘卒。此經書吳卒之始

○冬，楚公子貞帥師侵宋。○公如晉。

【傳】十二年，春，莒人伐我東鄙，圍台。季武子救台，遂入鄆，取其鐘，以爲公盤。乘勝入鄆，報其見伐也。盤，食器。○夏，晉士魴來聘，且拜師。謝前年伐鄭之師。○張洽氏曰：晉悼服鄭，抑楚而聘魯，善持勝也。○秋，吳子壽夢卒，臨於周廟，禮也。壽夢，吳子之號。臨，哭也。周廟，文王廟。周公出於文王，故魯立其廟。禮，卽下文臨同姓於宗廟之禮。〖臨〗力蔭反凡諸侯之喪，異姓臨於外，同姓於宗廟，同宗於祖廟，同族於禰廟。是故魯爲諸姬，臨於周廟；爲邢、凡、蔣、茅、胙、祭，臨於周公之廟。外謂

於城外向其國宗廟所出之王廟祖廟始封君之廟同族謂同高祖以下禰父廟也魯與諸姬同姓故臨於所出文王之廟邢凡以下六國皆周公之支子與魯同宗故臨於始封君周公之廟○劉敞氏曰魯君僭而立周廟三家僭而設公廟左氏不知遂真謂禮豈不誤哉○冬。楚子囊秦庶長無地伐宋師于楊梁。以報晉之取鄭也。無地庶長名楊梁宋地在今河南睢州境取鄭在前年○黄震氏曰鄭不可得而楚姑泄憤于宋楚于是無能爲矣○附錄靈王求后于齊。齊侯問對於晏桓子。桓子對曰。先王之禮辭有之。天子求后于諸侯。諸侯對曰。夫婦所生若而人。妾婦之子若而人。無女而有姊妹及姑姊妹。則曰先守某公之遺女若而人。齊侯許昏。王使陰里結之。問對問所以對王使之辭禮辭講禮之詞令也夫婦所生正出也妾婦之子庶出也若而人舉數以備禮也陰里周大夫結成也杜預氏云爲十五年劉夏逆王后傳〇公如晉朝。且拜士魴之辱。禮也。士魴聘在此年夏杜預氏云嫌君臣不敵故云禮〇趙鵬飛氏曰大國使聘卽須自往拜之是無寧歲也而左氏以爲禮一何繆乎〇附錄秦嬴歸于楚。楚司馬子庚聘于秦。爲夫人寧。禮也。秦景公妹爲楚共王夫人子庚莊王子名午寧謂問其父母與國之安否杜預氏云諸侯夫人父母既沒歸寧使卿故云禮

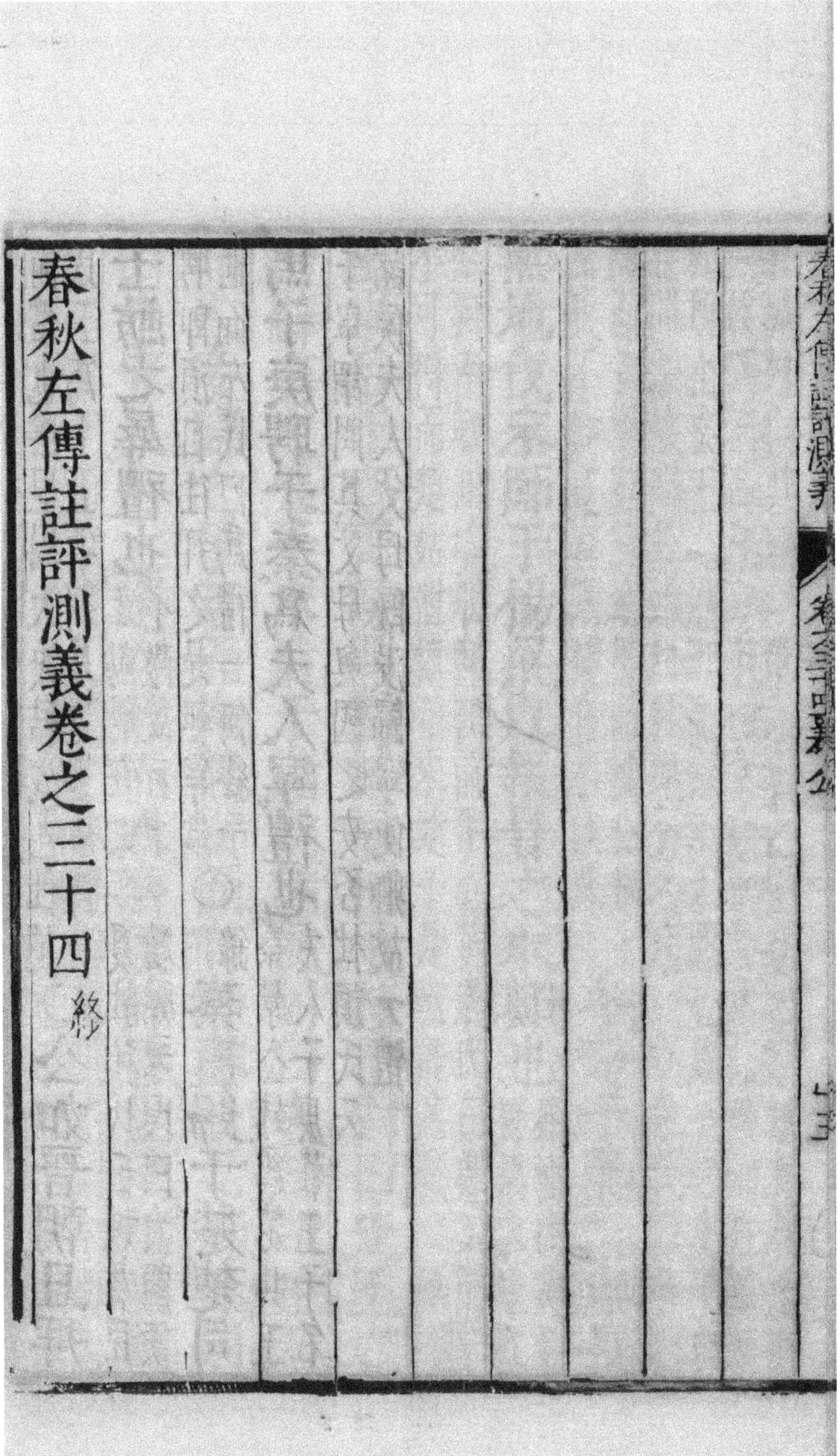

春秋左傳註評測義卷之三十四終

春秋左傳註評測義卷之三十五

明吳興後學淩稚隆輯著

襄公四

【經】辛丑吳子諸樊元年十有三年春公至自晉○夏取邿邿小國今爲山東濟陽縣邿音詩○秋九月庚辰楚子審卒○冬城防防臧氏邑

【傳】十三年春公至自晉孟獻子書勞于廟禮也書勳勞于策得告至之禮○愚按公從朝還非有軍戎之事何以書勞蓋當時諸侯以善事霸主爲勞績襄世之意也○夏邿亂分爲三師救邿遂取之分爲三部相統也師魯師凡書取言易也用大師焉曰滅弗地曰入大師大興師旅也弗地勝

其國邑不有其地也易去聲○趙伯循氏曰凡得國而不言滅者不絕其祀也傳盖不知此義○附錄

荀罃士魴卒。晉侯蒐于緜上以治兵。使士匄將中軍。辭曰。伯游長。昔臣習於知伯。是以佐之。非能賢也。請從伯游。荀偃將中軍。士匄佐之。使韓起將上軍。辭以趙武。又使欒黶。辭曰。臣不如韓起。韓起願上趙武。君其聽之。使趙武將上軍。韓起佐之。欒黶將下軍。魏絳佐之。新軍無帥。晉侯難其人。使其什吏率其卒乘官屬。以從於下軍。禮也。晉國之民。是以大和。諸侯遂睦。

必蒐而後命將與衆共也伯游卽荀偃士匄言昔者臣爲荀罃之佐亦不過以臣習學荀罃之故非以臣賢而用之也晉侯以武位卑不聽其讓故又使欒黶上使居已上也士匄讓荀偃超一等將中軍韓起欒

黶讓趙武起四等將上軍絳起一等佐下軍匄起黶位如故禮謂得愼舉之禮長上上聲 君子曰

讓禮之主也范宣子讓其下皆讓欒黶爲汰弗敢違也晉國以平數世賴之刑善也夫一人刑善百姓休和可不務乎書曰一人有慶兆民賴之其寧惟永其是之謂乎周之興也其詩曰儀刑文王萬邦作孚言刑善也及其衰也其詩曰大夫不均我從事獨賢言不讓也世之治也君子尚能而讓其下小人農力以事其上是以上下有禮而讒慝黜遠由不爭也謂之懿德及其亂也君子稱其功以加小人小人伐其技以馮君子是以上下無禮亂虐並生由爭善也謂之

昏德。國家之敝。恒必由之。刑法也言士匄始以中軍讓荀偃其下諸卿皆從而讓雖以欒黶之汰侈不遜者亦讓韓起弗敢違戾晉國之政所以和平數世賴之皆由取法于善也周書呂刑篇一人天子也寧安永長也言上有好善之慶則下賴其福詩大雅文王篇儀善孚信也美文王善用法爲萬國所信刑善取法于善也又詩小雅北山篇刺幽王役使不均使我從事獨勞農力力於農也黜遠黜退於遠也懿德懿美之德也加陵也伐自矜其能也馮亦陵也爭善爭自善也由之由不讓善也杜預氏云傳言晉之所以興（汰）音泰（馮）音憑

○楚子疾。告大夫曰。不穀不德。少主社稷。生十年而喪先君。未及習師保之教訓。而應受多福。是以不德。而亾師于鄢。以辱社稷。爲大夫憂。其弘多矣。若以大夫之靈。獲保首領以沒於地。唯是春秋窀穸之事。所以從先君於禰廟者。請爲靈

若厲。大夫擇焉。莫對。及五命。乃許。多福謂爲君鄢敗在成十六年弘大也窀厚也與長意同穸夜也猶言長夜也春秋謂祭祀埋葬埋也禰近也於諸廟父最爲近故云禰謚法亂而不損曰靈殺戮無辜曰厲禮三年喪則以遷新主入廟乃議謚故王欲受此惡名以從先君於禰廟窀張倫反穸音夕

秋。楚共王卒。子囊謀謚。大夫曰。君有命矣。子囊曰。君命以共。若之何毀之。赫赫楚國。而君臨之。撫有蠻夷。奄征南海。以屬諸夏。而知其過。可不謂共乎。請謚之共。大夫從之。君命卽請謚靈厲之命子囊言君臨終之命甚共不可謚爲靈厲以毀之赫赫強盛貌屬聯屬也既過能改曰共杜預氏云傳言子囊之善共音恭〇附錄

吳侵楚。養由基奔命。子庚以師繼之。吳乘楚喪故侵楚養由基奔命欲以禦吳師也子庚楚司馬繼繼其後養叔曰。吳乘我喪。謂我不能師也。

必易我而不戒子爲三覆以待我我請誘之子庚從之戰于庸浦大敗吳師獲公子黨（養叔卽養由基戒備也覆伏兵也庸浦楚地易去聲覆復浮去）君子以吳爲不弔詩曰不弔昊天亂靡有定（不弔謂吳乘楚喪不以天道相恤也詩小雅節南山篇言不爲天所恤其禍亂無有定時杜預氏云爲明年會向傳）○冬城防書事時也（辜民事時閒時）於是將早城臧武仲請俟畢農事禮也○（趙鵬飛氏曰魯旣事晉而外齊故城防以備之明年齊卒有圍成之役故城防以備齊也）○（附錄）鄭良霄大宰石㚟猶在楚（十一年鄭使二子告服于晉楚人執之至今大音太㚟敕畧反）石㚟言於子囊曰先王卜征五年而歲習其祥祥習則行不習則增脩德而改卜今楚實不競行人何罪止鄭一卿以除其偪

使睦而疾楚以固於晉焉用之使歸而廢其使怨其君以疾其大夫而相牽引也不猶愈乎征謂征伐巡守習同祥吉也每歲所卜必同其吉五年五卜皆同吉然後乃行若吉不相同則增脩其德更以卜吉爲始又得五吉乃行也止執也一卿謂良霄偪迫害也疾惡也言貴卿多則勢位相偪令楚執鄭卿乃所以除其相偪之患使其大臣和睦而疾楚則事晉之心益堅如此何用久留良霄哉夫鄭遣良霄使楚其意正欲楚執良霄而鄭得堅事晉爾故不如遣之歸鄭以廢其遣使之本意則良霄旣久留于楚必怨恨其君憎疾其大夫相牽引令鄭國不和而事晉之心不固豈不勝于久執之乎楚人歸之。

【經】壬寅十有四年楚康王元年春王正月季孫宿叔老會晉士匄齊人宋人衛人鄭公孫蠆曹人莒人邾人滕人薛人杞人小邾人會吳于向。向鄭地叔老聲伯子吳來在向諸侯會之故云會吳蠆丑邁反○二月乙未朔日有食之。無傳○夏四月叔孫豹會晉荀偃齊人宋人衛北宮括鄭公孫蠆曹人莒人邾人滕人薛人杞人小邾人伐秦。○汪克寬氏曰晉秦七十年之兵爭釁兆於圍鄭怨結於敗殽禍稔于三戰大舉于九國之伐而終于此役○己未衛侯出奔齊。○莒人侵我東鄙。無傳報入鄆也○秋楚公子貞帥師伐吳。○冬季孫宿會晉士匄宋華閱衛孫林父鄭公孫蠆莒人邾人于戚。戚孫林父邑

【傳】十四年春吳告敗于晉會于向為吳謀楚故也前年吳伐楚喪為楚所敗為去聲○吳徵氏曰左氏以此為吳謀楚然吳在向而晉率諸侯之大夫往會之是晉有求于吳非吳有求于晉也故疑左氏所載事迹或非其實范宣子數吳之不德

也以退吳人。吳不德以伐楚喪故○愚按晉之通吳有爲吳之志也况茲方釋楚而從事於秦勢豈能復謀伐楚以故宣子數吳不德而退之蓋設辭以拒其謀爾執莒公子務婁以其通楚使也莒貳楚比年伐魯故執之杜預氏云莒公子不書以非卿也使去聲將執戎子駒支范宣子親數諸朝曰來姜戎氏昔秦人迫逐乃祖吾離於瓜州乃祖吾離被苫蓋蒙荊棘以來歸我先君我先君惠公有不腆之田與女剖分而食之諸侯之事我寡君不如昔者蓋言語漏洩則職女之由詰朝之事爾無與焉與將執女駒支戎子名朝行在所設也來呼之使來也四岳之後皆姜姓又別爲允姓吾離戎祖名瓜州今甘肅地被披同白茅曰苫蓋苫之別名被苫蓋言無布帛可衣惟衣草也蒙冒也蒙荊棘言無道路可後胃荊棘也總是窮困之極不腆不厚也中分爲剖戢主也詰朝明旦也事會事也與與會也〔被〕音披〔害〕音曷〔蓋〕音盍〔女〕音汝〔洩〕音泄〔與〕音預○劉敞氏曰此皆不實也諸侯解躰非戎之過范宣子何以誣之去年蒐於緜上傳云晉大夫由是大和諸侯遂睦至此一年何故遂有言語漏洩不如昔日之事對曰昔秦人負恃其衆貪于土地逐我諸戎惠公蠲其大德謂我諸戎是四嶽之裔胄也毋是翦弃賜我南鄙之田狐狸所居豺狼所嘷我諸戎除翦其荊棘驅其狐狸豺狼以爲先君不侵不叛之臣至于今不貳昔文公與秦伐鄭秦人竊與鄭盟而舍戍焉於是乎有殽之師晉禦其上戎亢其下秦師不復我諸戎實然譬如捕鹿晉人角之諸戎掎之與晉踣之戎何以不

免自是以來晉之百役與我諸戎相繼于時以從執政猶殽志也豈敢離逷今官之師旅無乃實有所闕以攜諸侯而罪我諸戎我諸戎飲食衣服不與華同贄幣不通言語不達何惡之能爲不與於會亦無瞢焉秦晉遷陸渾之戎于伊川在僖二十二年蠲明也四嶽堯時方伯裔遠胄後也毋是猶言不可如是翦削弃絕也嗥鳴也翦除惡草以耕種也驅逐惡獸以居處也先君謂晉之先君不侵不內侵也不叛不外叛也秦伐鄭在僖三十年舍置也殽師在僖三十三年亢當也不復不迈也實然實佐晉致使也角執其角也掎牵也以物牵其足也踣斃也不免不免於罪也相繼於時無敢曠時也猶殽志一如從戰于殽之志逷遠也罪我以漏泄言語歸罪我也贄幣不通未嘗聘問也言語不達未嘗有使命也惡即漏泄言語之謂瞢悶也毋音無嗥音豪逷音剔與音預瞢音孟賦青蠅而退宣子辭焉

使卽事於會。成愷悌也。青蠅詩小雅篇詩云豈弟君子無信讒言辭辭謝也成愷悌不信讒也杜預氏云不書者戎爲晉屬不得特達於是子叔齊子爲季武子介以會。自是晉人輕魯幣而益敬其使。齊子卽叔老介副也魯敬事霸主使二卿與會故魯亦報之以禮杜預氏云晉敬魯使經所以並書二卿○附錄

吳子諸樊既除喪。將立季札。季札辭曰。曹宣公之卒也。諸侯與曹人不義曹君。將立子臧。子臧去之。遂弗爲也。以成曹君。君子曰。能守節。君義嗣也。誰敢奸君。有國非吾節也。札雖不才。願附於子臧。以無失節。固立之。棄其室而耕。乃舍之。諸樊吳子乘之長子季札諸樊少弟諸樊以季札爲賢故讓之立曹君成公負芻也殺太子自立事在成十三年將立子臧事在成十五年守節守上下之節君謂諸樊適子

義當爲嗣故云義嗣奸犯也非吾節言吾不能守節也杜預氏云傳言季札之讓且明吳兄弟相傳(奸音干)○傳遜氏曰春秋中讓國者三吳季札曹子臧衛子南南事微不著皆足稱賢而皆不克以靖國盖其性自不樂於爲君非有爲也然德非至德而於王季武王之事亦不逮矣○夏諸侯之大夫從晉侯伐秦以報櫟之役也櫟役在十一年○趙鵬飛氏曰用諸侯之兵以報已怨非也然自是一伐秦終春秋之世秦不敢復侵晉晉侯待于竟使六卿帥諸侯之師以進及涇不濟叔向見叔孫穆子穆子賦匏有苦葉叔向退而具舟魯人莒人先濟鄭子蟜見衛北宮懿子曰與人而不固取惡莫甚焉若社稷何懿子說二子見諸侯之師而勸之濟濟涇而次涇水名不濟不肯渡濟也匏有苦葉詩邶風篇義取於深則厲淺則揭示已志在必濟也子蟜鄭公孫蠆懿子

卽北宮括不固持心不固也傳言
北宮括所以書於伐秦(說)音悅 秦人毒涇上流師
人多死鄭司馬子蟜帥鄭師以進師皆從之至於棫
林不獲成焉秦人寘毒藥於涇水上流師人飲水多
死棫林秦地不獲成言秦不服不得求
成也(棫)位偪反 荀偃令曰鷄鳴而駕塞井夷竈唯余馬首是
瞻欒黶曰晉國之命未是有也余馬首欲東乃歸下
軍從之左史謂魏莊子曰不待中行伯乎莊子曰夫
子命從帥欒伯吾帥也吾將從之從帥所以待夫子
也伯游曰吾令實過悔之何及多遺秦禽乃命大還
晉人謂之遷延之役荀偃中軍帥塞井塡塞其井夷
竈平夷其竈欲地平可以布陳
也馬首是瞻言進退皆從己命也欒黶下軍帥未有
是言晉國命令從前未有馬首是瞻之說黶惡其自

專故弃之而歸左史晉大夫莊子即魏絳下軍佐故謂欒伯爲吾帥中行伯即荀偃夫子謂荀偃莊子言偃令我馬首是瞻是使人各從其帥也吾從吾帥之命而先歸從帥命所以待夫子之命也烏得以先歸爲不待乎伯游即荀偃禽猶獲也偃以軍帥不和恐多爲秦所獲大還皆還也遷延却退也還去聲○汪克寬氏曰以十三國之卿大夫帥重兵以壓境而師出無律將各異心徒以煩民功績蔑有晉侯待於境上視若贅旒皆悼公之怠於政事致諸臣之專恣也欒鍼曰。此役也。報櫟之敗也。役又無功。晉之耻也。吾有二位於戎路。敢不耻乎。與士鞅馳秦師。死焉。士鞅反。欒黶謂士匄曰。余弟不欲往。而子召之。余弟死。而子來。是而子殺余之弟也。弗逐。余亦將殺之。士鞅奔秦。二位謂黶將下軍鍼爲戎右鞅士匄子而汝也士鞅實未嘗召鍼皆黶汝侈誣譖之辭於是齊崔杼。宋華閱。仲江會伐秦。不書惰也。向之會亦如之。衛北宮括不書於向。書於伐秦。攝也。仲江宋公孫師之子。經書齊人宋人而不書其名以其臨事惰慢故也向之會書齊人宋人亦如此義亦以惰故衛北宮括不書名於向而書名於伐秦者能自攝整從鄭子蟜濟涇也傳言一役之間經有筆削○季本氏曰齊宋稱人皆非大夫而序於括上者蓋當時諸侯大夫之位次或以國之大小或以勢之強弱或以至之先後或以事之勤惰皆由覇主之意而爵位之尊卑俱越其常矣左氏於齊宋強著崔杼華閱之名而附於惰攝之義不亦煩乎

秦伯問於士鞅曰。晉大夫其誰先亡。對曰。其欒氏乎。秦伯曰。以其汰乎。對曰。然。欒黶汰虐已甚。猶可以免。其在盈乎。秦伯曰。何故。對曰。武子之德在民。如周人之思召公焉。愛其甘棠。況其子乎。欒黶死。盈之善未能及人。武子所施沒

矣。而釁之怨實章。將於是乎在。秦伯以為知言。為之請於晉而復之盈欒釁之子武子欒書釁之父也召公奭嘗聽訟於甘棠之下周人封植其樹令勿翦伐詩在召南鞅言武子德施於民雖歿晉人思之猶愛其子吾謂釁猶可以免者以此若釁之歿後既未能有善及人書之所施又久而民沒而釁之結怨于民者方且彰著吾謂其在盈者以此杜預氏云為傳二十一年晉滅欒氏張本郤音卻○夌之約言氏曰士鞅之言非也欒書陰害三郤巳又親弒其君何德在民而埒於召公之思得免於子亦巳幸矣○衛獻公戒孫文子寗惠子食。皆服而朝。日旰不召。而射鴻於囿。二子從之。不釋皮冠而與之言。二子怒。孫文子如戚。孫蒯入使。公飲之酒。使大師歌巧言之卒章。大師辭。師曹請為之。戒食勑命二子共宴食也服而朝朝服待命於朝也旰日晚也從之從公於囿也皮冠田獵之冠見大臣宜釋皮冠既不釋又不與食無禮之甚戚孫氏邑在河上文子不安故往其私邑蒯文子之子大師掌樂大夫巧言詩小雅篇其卒章云彼何人斯居河之麋無拳無勇職爲亂階公欲以喻文子居河上爲亂也師曹樂人大師不欲歌是詩而樂人請爲歌之[旰]古旦反[使]去聲[大]音泰

初公有嬖妾使師曹誨之琴師曹鞭之公怒鞭師曹三百故師曹欲歌之以怒孫子以報公公使歌之遂誦之誨教也師曹欲激蒯怒以報獻公鞭已之辱恐蒯不解其義故既歌之又從而誦說之

蒯懼告文子文子曰君忌我矣弗先必死并帑於戚而入見蘧伯玉曰君之暴虐子所知也大懼社稷之傾覆將若之何對曰君制其國臣敢奸之雖奸之庸知愈乎遂行從近關出先先作亂帑妻子也伯玉蘧瑗也奸犯愈勝也言逐君更立未知能勝於今否也速

避亂故從近關出覆音福○季本氏曰觀左氏載伯王出關之言則獻公未至可廢大抵定姜師曠之言史臣逢迎孫甯風旨而爲之辭爾及考伯玉仕靈公朝與孔子爲友不應此時已列諸卿能與林父相抗或其言出於他人之賢者而左氏誤記其名也歟

公使子蟜子伯子皮與孫子盟于丘宮孫子皆殺之四月己未子展奔齊公如鄄使子行於孫子孫子又殺之公出奔齊孫氏追之敗公徒于阿澤鄄人執之子蟜子伯子皮皆衛公子公疑孫文子故使盟之丘宮近戚之地子展衛獻公弟鄄衛地今屬山東濮州子行亦群公子阿澤衛地公徒因敗而散還故鄄人執之

初尹公佗學射於庚公差庚公差學射於公孫丁二子追公公孫丁御公子魚曰射爲背師不射爲戮射爲禮乎射兩軥而還尹公佗曰子爲師我則遠矣

乃反之。公孫丁授公轡而射之。貫臂。佗與差皆爲孫子逐獻公子魚卽庾公差輈車軛卷者差以背師與戮推之射猶爲得禮故發二矢以示之禮遠䟽遠也佗不從丁學故以爲遠而獨還追之於是丁以馬轡令獻公自執而射佗貫其臂佗音駝差初佳反射音石爲去聲子鮮從公及竟。公使祝宗告亾。且告無罪。定姜曰。無神。何告。若有不可誣也。有罪。若何告無。舍大臣而與小臣謀。一罪也。先君有冢卿以爲師保。而蔑之。二罪也。余以巾櫛事先君。而暴妾使余。三罪也。告亾而已。無告無罪。子鮮公母弟祝大祝宗宗公使大祝宗人告宗廟以出亾之故且告無罪而爲臣所逐定姜公嫡母誣欺也冢卿指甯子孫子蔑輕視也如曰射不召不什皮冠之類櫛理髮者暴使余言暴虐使我如妾然告亾而已言但可告神以出亾之故趙防氏云傳於此記定姜之言及戚孫之言後二十六年記右宰穀之言見衛侯不子不君宜失位公使厚成叔弔于衛曰寡君使瘠聞君不撫社稷而越在他竟若之何不弔以同盟之故使瘠敢私於執事曰有君不弔有臣不敏君不赦宥臣亦不帥職增淫發洩其若之何瘠厚成叔名越遠也執事謂衛諸大夫弔恤下也敏達禮也言君惟不弔故不赦臣之過臣惟不敏故不帥臣之職君臣如此所以增其淫慝至于發洩以爲逐君之事瘠在亦反衛人使大叔儀對曰羣臣不佞得罪於寡君寡君不以即刑而悼弃之以爲君憂君不忘先君之好辱弔羣臣又重恤之敢拜君命之辱重拜大貺大叔儀衛大夫悼弃自傷悼而去也重恤愍其不達也大貺謂重恤之〔帥〕所類反〔大〕〔叔〕音泰〔重〕去聲厚孫歸復命語臧武仲曰衛君其必歸乎

有大叔儀以守。有母弟鱄以出。或撫其內。或營其外。能無歸乎。厚孫即成叔守守國也鱄即子鮮出從公也鱄音專齊人以郲寄衛侯。及其復也。以郲糧歸。右宰穀從而逃歸。衛人將殺之。辭曰。余不說初矣。余狐裘而羔袖。乃赦之。衛人立公孫剽。孫林父甯殖相之。以聽命於諸侯。郲齊所滅郲國寄寓也以郲糧歸言其貪也穀衛大夫衛人以其從君故欲殺之辭謝也穀言余之不說于君非止今日盖其初即然矣不得已而從之出爾狐裘羔袖喻已暫從君即歸國善多而惡少也剽即殤公穆公孫聽命聽會盟之命說音悅相去聲衛侯在郲。臧紇如齊唁衛侯。衛侯與之言虐。退而告其人曰。衛侯其不得入矣。其言糞土也。亡而不變。何以復國。子展子鮮聞之。見臧紇。與之言道臧孫說謂其人曰衛君必入夫二子者或輓之或推之欲無入得乎弔失國曰唁虐謂暴虐之事其人從人也冀其上言其踐踏羣臣如上芥也道道理之事前牽爲輓後送爲推杜預氏○附錄云爲二十八年衛侯歸傳唁魚變反輓音晩

師歸自伐秦晉侯舍新軍禮也禮侯國置軍之禮成國不過半天子之軍周爲六軍諸侯之大者三軍可也於是知朔生盈而死盈生六年而武子卒彘裘亦幼皆未可立也新軍無帥故舍之成國大國武子即知罃罃二子長曰朔次曰盈盈生朔死盈生六歲而知罃亦卒十三年士魴卒其子彘裘亦幼皆未可繼父爲卿故新軍無帥遂舍之此言晉所以舍新軍之故○附錄

師曠侍於晉侯晉侯曰衛人出其君不亦甚乎師曠晉樂師子野也對曰或者其君實甚良君將賞

善而刑淫養民如子蓋之如天容之如地民奉其君愛之如父母仰之如日月敬之如神明畏之如雷霆其可出乎夫君神之主而民之望也若困民之主匱神乏祀百姓絶望社稷無主將安用之弗去何爲一本乏作之天生民而立之君使司牧之勿使失性有君而爲之貳使師保之勿使過度是故天子有公諸侯有卿卿置側室大夫有貳宗士有朋友庶人工商皁隸牧圉皆有親暱以相輔佐也善則賞之過則匡之患則救之失則革之牧養也貳卿佐也側室支子之官貳宗小宗也執技藝曰工通貨賄曰商造成事曰皁屬於吏曰隷養牛曰牧養馬曰圉親暱謂親信暱比之人言自天子以至于庶人各有

臣僕以相輔佐其上有善則宣揚之有過則弼正之有患難則救解之有違失則更革之【國】音語

自王以下。各有父兄子弟以補察其政。史為書。瞽為詩。工誦箴諫。大夫規誨。士傳言。庶人謗。商旅于市。百工獻藝。故夏書曰。遒人以木鐸徇于路。官師相規。工執藝事以諫。正月孟春。於是乎有之。諫失常也。王天子工樂人旅陳也言自天子至庶人既各有臣僕以相輔佐矣而又上有父兄下有子弟以補其愆過察其得失又有史官為書以紀錄善惡有瞽矇為詩以歌誦風刺有樂師以誦箴諫之辭有大夫以任規誨之事士卑不得徑達聞君過則傳告大夫庶人賤不得與政聞君過則相誹謗於道商人見君政惡則陳其貨物以示時所貴尚百工見君不善各獻其所執之藝事以喻政事夏書逸征篇遒人宣令之官木鐸金口木舌施政教時振以警眾者也徇於路求歌謠之言官師謂眾官規正也工執藝事以諫所謂百工獻藝也每歲首正月有此遒人徇路之事盖恐人君失其常度以求直諫也〔遒〕在幽反 天之愛民甚矣。豈其使一人肆於民上。以從其淫。而弃天地之性。必不然矣。承上文言天之愛惜下民如此其至豈肯使爲之君者放肆於民上以縱爲淫惡之事而弃絶天地立君司牧之本性此天意所必不然者也杜預氏云傳言師曠能因問盡言〔從〕音縱○愚按師曠此論足以懲懼君心與孟子紂爲獨夫君爲寇讐同意然弗去何爲一語不可爲訓

○秋楚子爲庸浦之役故。子囊師于棠以伐吳。吳不出而還。子囊殿。以吳爲不能而弗儆。吳人自皐舟之隘要而擊之。楚人不能相救。吳人敗之。獲楚公子宜穀。庸浦役在前年棠楚邑今爲南直隷六合江浦二縣殿謂軍後儆戒也皐舟吳險阨之道杜預氏云傳言不備不可以師〔爲〕去聲〔殿〕多練反〔要〕平聲

○附錄王使劉定公賜齊侯命。曰。昔

伯舅大公右我先王股肱周室師保萬民世胙大師以表東海王室之不壞繄伯舅是頼今余命女環茲率舅氏之典纂乃祖考無忝乃舊敬之哉無廢朕命周靈王將昏于齊齊故使賜命于齊齊定公劉夏也齊異姓國故稱伯舅大公齊始封君右助胙禄表顯也繄發聲環齊靈公名纂纂繼也杜預氏云因封而加褒顯傳言王室不能命有功[太]音泰繄[系]烏兮反[女]音汝

○晉侯問衛故於中行獻子對曰不如因而定之衛有君矣伐之未可以得志而勤諸侯史佚有言曰因重而撫之仲虺有言曰亡者侮之亂者取之推亡固存國之道也君其定衛以待時乎問衛故問衛逐君當討與否獻子即荀偃時剽已立故云有君重而撫之言重不可移就撫安之也仲虺湯佐相待時待其昏亂之時乃伐之

冬，會于戚。謀定衛也。定立剽也○愚按荀偃本弒君之賊故爲逆賊謀而成其逐君之亂自是剽弒而衎歸衛有二君者十年晉實爲之也賢如悼公竟爲荀偃所誤惜哉蓋公怠矣尋亦遂薨

范宣子假羽毛於齊而弗歸。齊人始貳。析羽爲旌王者游車之所建齊私有之因謂之羽毛宣子借觀而匿之齊人以晉無信始有二心傳言晉執政之貪○附錄

楚子囊還自伐吳，卒。將死，遺言謂子庚必城郢。子庚即公子午時楚徙都郢城郭未就子庚當代子囊爲令尹故臨終而委屬于庚

君子謂子囊忠。君薨不忘增其名。將死不忘衛社稷。可不謂忠乎。忠，民之望也。詩曰：行歸于周。萬民所望。忠也。增其名謂前年謚君爲共衛社稷謂令屬子庚城郢詩小雅彼都人士篇周備也言德行周備於身即爲萬民所瞻仰此忠之道也一云忠信爲周行去聲

經癸卯十有五年。春。宋公使向戌來聘。○二月。己亥。及向戌盟于劉。劉。魯地 ○劉夏逆王后于齊。劉。采地。夏。名。天子卿書爵。劉夏非卿。故書名 ○夏。齊侯伐我北鄙。圍成。成。魯孟氏邑 ○公救成。至遇。無傳。遇。魯地。書至遇。公畏齊不敢至成也 季孫宿叔孫豹帥師城成郛。夏城非例所譏 ○秋。八月。丁巳。日有食之無傳 ○邾人伐我南鄙。○冬。十有一月。癸亥。晉侯周卒。○李廉氏曰晉悼公其猶

有君子之資乎不獨覇之美也齊桓歷變履險以數十年之經營而行事未免過舉晉文老於奔走晚而復國然血氣之驕悍未除悼公之齒淺矣乃能忠厚而不迫堅忍而持重有囬顧却慮之謀無輕逞輒快之舉其亦稍知以道養心歟八年九合則勤於安夏也三分四軍則勤於用民也六卿選德用人有章也騶御知訓教士有法也此其所以能得諸侯服鄭而駕楚也柰何蕭魚已後凡三大會荀偃士匄儼然臨

之諸侯雖合大夫侵分何謹于諸侯而縱于大夫乎戍陳之後以爲有陳非吾事無之而後可鄭雖向晉陳竟歸之何工于撫鄭而拙于懷陳乎會向之役欲數吳不德以退吳人亦已晚矣楚患雖弭吳憂尤甚何明于治楚而暗于通吳乎不然悼公之覇過桓文矣

【傳】十五年春。宋向戌來聘。且尋盟。報二年豹之聘尋十二年亳之盟見孟獻子。尤其室。曰。子有令聞。而美其室。非所望也。對曰。我在晉。吾兄爲之。毀之重勞。且不敢閒。尤責過也閒非也言不敢非兄杜預氏云傳言獻子友於兄且不隱其實【閒】去聲 ○官師從單靖公逆王后于齊。卿不行。非禮也。中士下士爲官師卽劉夏也劉夏獨過魯告戶過故經不書單靖公天子不親昏使上卿往逆而公監之今卿不行獨以士逆后故云非禮 ○附錄

楚公子午爲令尹。公子罷戎爲右尹。蔿子馮爲大司馬。

公子槖師爲右司馬。公子成爲左司馬。屈到爲莫敖。公子追舒爲箴尹。屈蕩爲連尹。養由基爲宮廄尹。以靖國人。蔿子馮叔孫敖從子屈到屈蕩子追舒即子南莊王子靖安也罷音皮蔿于委反馮皮氷反君子謂楚於是乎能官人。官人。國之急也。能官人則民無覦心。詩云。嗟我懷人。寘彼周行。能官人也。王及公侯伯子男甸采衛大夫各居其列。所謂周行也。無覦心無覬覦求幸之心詩周南卷耳篇寘置周徧行列也言嗟我所懷思之賢人周徧於列位之間是后妃以官人爲急也自王以下五等諸侯及甸采衛五服之大夫各以賢能居其列位是詩人所謂周行也甸采衛五服之名天子所居千里曰圻其外曰侯服次曰甸服次曰男服次曰采服次曰衛服凡五百里爲一服俱有大夫傳言楚於是始強

◯附錄 鄭尉氏司氏之亂。其餘盜

在宋。鄭人以子西伯有子產之故。納賂于宋。以馬四
十乘與師茷師慧。三月。公孫黑爲質焉。司城子罕以
堵女父尉翩司齊與之。良司臣而逸之。託諸季武子。
武子寘諸卞。鄭人醢之。三人也。尉止司臣亂在十年其餘盜在宋者堵女父司臣尉翩司齊也鄭人以子西伯有子產之父皆爲尉氏所殺故納賂于宋以請餘盜茷慧皆樂師名公孫黑卽子皙良賢之也逸放也三人堵女父尉翩司齊也別言三人以見司臣獨存茷音伐女音汝
師慧過宋朝。將私焉。其相曰。朝也。慧曰。無人焉。相曰。
朝也。何故無人。慧曰。必無人焉。若猶有人。豈其以千
乘之相。易淫樂之矇。必無人焉故也。子罕聞之。固請
而歸之。私小便也相相師者千乘相謂子產等矇師慧自謂言重淫樂而輕子產等是以子產等

易㬋樂也故慧言無人以激之歸謂歸師慧等杜預氏云傳言子罕能改過終十三年盜殺三卿傳桓去聲聾矇音蒙○夏齊侯圍成貳於晉故也於是乎城成郛不畏晉覇故敢伐魯圍邑郛郭也成當有衛故城其廓以備之○張洽氏曰先事無備敵去而後城亦已晚矣○秋邾人伐我南鄙使告于晉晉將爲會以討邾莒晉侯有疾乃止冬晉悼公卒遂不克會邾人伐我貳晉故十二年十四年莒人伐魯尚未之討故云以討邾莒杜預氏云爲明年會溴梁傳○張洽氏曰魯自文襄失政齊與邾莒交伐其國由民分於三桓故也○附錄鄭公孫夏如晉奔喪子蟜送葬公孫夏卽子西杜預氏云傳言諸侯畏晉故卿共葬○附錄宋人或得玉獻諸子罕子罕弗受獻玉者曰以示玉人玉人以爲寶也故敢獻之子罕曰我以不貪爲寶爾以玉爲寶若

以與我皆喪寶也不若人有其寶稽首而告曰小人懷璧不可以越鄉納此以請死也子罕寘諸其里使玉人為之攻之富而後使復其所罕言我以不貪為寶爾以玉為寶若以與我我失不貪之寶爾失玉之寶是我與爾皆喪其寶不若各有其寶也越鄉恐為盜所害請死請免于盜之死里子罕所居里攻治也富謂賣玉致富復其所遺之歸也（喪為）並去聲○

附錄十二月鄭人奪堵狗之妻而歸諸范氏狗堵女父之族娶於晉范氏鄭人既誅女父恐狗因范作亂故奪歸其妻先絕之鄭之謀也（堵）音者

春秋左傳註評測義卷之三十五終

春秋左傳註評測義卷之三十六

明吳興後學凌稚隆輯著

襄公五

經甲辰十有六年。晉平公元年春王正月。葬晉悼公。踰月而葬速也○三月。公會晉侯。宋公。衛侯。鄭伯。曹伯。莒子。邾子。薛伯。杞伯。小邾子于溴梁。溴水名梁隄也在今河南濟源縣境杜預氏云不書齊高厚逃歸故也溴扃入反○戊寅。大夫盟。即上諸侯之大夫諸大夫本欲盟高厚高厚逃歸故遂自共盟穀梁傳云諸侯會而曰大夫盟政在大夫也諸侯在而不曰諸侯之大夫大夫不臣也○晉人執莒子。邾子。以歸。二國數侵魯又無道於其民故稱人以執成十五年晉人執曹伯僖二十八年晉人執衛侯皆書歸于京師此言以歸乃是自歸晉國也○齊侯伐我北鄙。無傳齊貳晉故○夏。公至自會。無傳○五月甲子。地震。無傳○叔老會鄭伯晉荀偃衛甯殖宋人伐許。○秋。齊侯伐我北鄙圍成。○大雩。無傳書過○冬。叔孫豹如晉。

傳十六年春。葬晉悼公。平公即位。羊舌肸爲傅。張君臣爲中軍司馬。祁奚韓襄欒盈士鞅爲公族大夫。虞丘書爲乘馬御。改服脩官。烝于曲沃。平公悼公子名彪肸即叔向君臣張老子韓襄無忌子既葬改衰服脩官職烝冬祭曲沃晉始封邑祖廟在焉杜預氏云傳言晉將有溴梁之會故速葬肸許乙反警守而下。會于溴梁。命歸侵田。以我故執邾宣公莒犂比公。且曰通齊楚之使。警守徹戒守備也順流東行故云下諸侯相侵之田皆令各歸之犂比莒子號前年晉將爲會以討邾莒卒不克會故平公終其事邾莒在齊楚往來道中故弁以此責之杜預氏云經書執在大夫盟下既盟而後告也(使)去聲○晉侯與諸侯宴于温使諸大夫舞曰歌詩必類齊高厚之詩不類荀偃怒且曰諸侯有異志矣使諸大夫盟高厚高厚逃歸於是叔孫豹晉荀偃宋向戌衛甯殖鄭公孫蠆小邾之大夫盟曰同討不庭類謂從其義類齊有二心故高厚所歌之詩獨不類自曹以下大夫不書故傳舉小邾以包之不庭不來庭者傳爲齊晉交惡起本○愚按平公欲成父志討邾莒故爲是會以合諸侯是也然踰月而葬改服而烝使諸大夫歌詩必類其越于禮也亦甚矣○許男請遷于晉諸侯遂遷許許大夫不可晉人歸諸侯鄭子蟜聞將伐許遂相鄭伯以從諸侯之師穆叔從公齊子帥師會晉荀偃書曰會鄭伯

爲夷故也。許欲叛楚故請遷都于晉許大夫不肯遷晉人使諸侯各歸惟以其師討許之不肯遷者鄭與許有宿怨故其君親行伐許齊子即叔老穆叔與盟當伐許以從魯公歸故叔老帥師會晉夷等也晉主兵而首序鄭伯者以荀偃皆卿大夫爵位相等惟鄭伯爲君臣不可先君故書曰會鄭伯〔從爲〕並去聲

夏六月。次于棫林。庚寅。伐許。次于函氏。晉荀偃欒黶帥師伐楚。以報宋揚梁之役。棫林函氏皆許地揚梁役在十二年〔棫〕爲逼反〔函〕音咸

楚公子格帥師。及晉師戰于湛阪。楚師敗績。晉師遂侵方城之外。復伐許而還。許未遷故復伐許〔湛〕音沈

○秋。齊侯圍成。孟孺子速徼之。齊侯曰。是好勇。去之以爲之名。速遂塞海陘而還。齊既逃盟復圍成孟孺子獻子之子名速徼要也是指孺子爲之名成其名也海陘魯隘道速見齊師去已遂塞隘道以爲名而歸〔徼〕古堯反〔好〕去聲〔陘〕音刑

○高閔氏曰齊方叛晉聞公在會將討邾莒故來伐是時齊益强屢使大夫聽命世子執禮有輕諸侯之心三年之間齊師五至魯矣○冬穆叔如晉聘且言齊故言齊再伐魯之故欲晉討之晉人曰以寡君之未禘祀與民之未息不然不敢忘禘祀三年喪畢之吉祭言平公居喪尚未吉祭又新伐許及楚民未安息若非二事不敢忘魯而不救也穆叔曰以齊人之朝夕釋憾於敝邑之地是以大請敝邑之急朝不及夕引領西望曰庶幾乎比執事之間恐無及也釋憾伐魯以釋叛晉之憾朝不及夕急之甚也晉在魯西故云西望庶幾望晉之救魯也閒暇也言君若欲待晉二事之暇恐魯已先亾無益于事見中行獻子賦圻父獻子曰偃知罪矣敢不從執事以同恤社稷而使魯及此圻父詩小雅篇詩云圻父予王之爪牙胡轉予于恤靡所止居蓋譏偃掌

晉甲兵不救魯使魯憂恤無定止也社稷魯之社稷及此及此無定止之憂見范宣子賦鴻雁之卒章宣子曰匄在此敢使魯無鳩乎。鴻雁詩小雅篇卒章云鴻雁于飛哀鳴嗸嗸維此哲人謂此劬勞言魯民離散嗸嗸然若鴻雁之失所惟哲人知其病苦蓋以哲人比宣子也大曰鴻小曰雁鳩集也國有兵寇則民人不集言不敢使魯無所集如鴻雁卒章所云也傳爲十八年同圍齊張本

【經】乙巳十有七年春王二月庚午邾子牼卒無傳○宋人伐陳○夏衛石買帥師伐曹買石稷子○秋齊侯伐我北鄙圍桃桃魯邑今山東泗水縣有桃城○高厚帥師伐我北鄙圍防林堯叟氏云自隱以來齊伐我皆書人君將書君自文十五年始大夫將書大夫自高厚始○九月大雩無傳書過○宋華臣出奔陳○冬邾人伐我南鄙

傳十七年春宋莊朝伐陳獲司徒卬卑宋也（莊朝宋微者司徒卬陳大夫陳卑宋師不設備故爲所獲〔卬〕音昂）○衛孫蒯田于曹隧飲馬于重丘毀其瓶重丘人閉門而詬之曰親逐而君爾父爲厲是之不憂而何以田爲（孫蒯林父之子越境田於曹重丘曹邑瓶汲水器詬罵也蒯與其父共逐其君在十四年而汝也厲惡鬼也言林父身爲惡首死當爲惡鬼也〔飲〕去聲〔詬〕音侯）夏衛石買孫蒯伐曹取重丘曹人愬于晉（取重丘報其詬也杜預氏云孫蒯不書非卿也爲明年晉人執石買傳○愚按林父之惡誰不聞之蒯遭曹人之詬盍亦內自省爾何致挾重臣與大衆而遷怒于其君豈不負罪於天下哉蓋蒯世其頑寔稔惡而不悛者也）○齊人以其未得志於我故秋齊侯伐我北鄙圍桃高厚圍臧紇于防師自陽關逆臧孫至于旅松鄒

叔紇臧疇臧賈帥甲三百宵犯齊師送之而復齊師去之前年齊圍成辟孟孺子故未得志防紇私邑師魯師陽關在泰山東旅松近防地魯師迎紇畏齊不敢至防止于旅松郰叔紇郎叔梁紇紇疇賈皆臧紇昆弟宵夜也二子與紇俱在防故夜犯齊師送紇于旅松之師而復還守防齊師既失臧紇故去（郰音鄒）齊人獲臧堅齊侯使夙沙衛唁之且曰無死堅稽首曰拜命之辱抑君賜不終姑又使其刑臣禮於士以杙抉其傷而死堅臧紇之族無死使無自殺也姑且也夙沙衛奄人言來唁是君之賜而使刑人禮士是賜不終也杙小木也臧堅義不受辱乃以杙自抉其所傷而死（杙音弋抉音決）○黃震氏曰齊素貳晉以虐魯平公又一旦執其相與伐我之邾莒所以重齊之怒而甚魯之禍嘗三伐北鄙再圍郕今君臣又分攻其二邑蓋楚方不撓中國而齊以中國反自撓中國矣

○冬邾人伐我南鄙為齊故也齊未得志于魯

故邾助之○宋華閱卒華臣弱皐比之室使賊殺其宰華吳賊六人以鈹殺諸盧門合左師之後左師懼曰老夫無罪賊曰皐比私有討於吳遂幽其妻曰畀余而大璧臣華閱之弟皐比閱之子弱侵易之也鈹劒屬盧門宋城門向戌爲左師食采於合故云合左師後室後也皐比私有討於吳此賊謬言幽閉畀與而汝也賊閉吳之妻令其以大玉與我(鈹)音披宋公聞之曰臣也不唯其宗室是暴大亂宋國之政必逐之左師曰臣也亦卿也大臣不順國之恥也不如蓋之乃舍之臣華臣不順不循道也蓋掩也宋公欲逐之以正國法左師以國有逆賊爲恥故欲姑掩之○愚按左師畏華臣之強勸君蓋其惡而舍之而誘曰大臣不順國之恥也細人姑息之論爾異日者瘈犬入而華臣出觀不恥歟左師爲已短策苟過華臣之門

必騁。策馬箠也左師悔其失對而惡之深故自爲短策過華臣之門助御者擊馬而馳欲速過也

十一月甲午。國人逐瘈狗。瘈狗入於華臣氏。國人從之。華臣懼。遂奔陳。瘈狂也國人本逐狂狗如華氏臣心不自安懼以爲逐已故奔陳趙汸氏云經書華臣出奔在秋而傳記其事在冬由左氏所據載籍或追錄舊事日月訛舛不與經合傳姑仍之以示傳疑之義不得以從赳爲辭瘈音制○高閌氏曰華臣暴其宗室而亂宋政不有國討失政刑矣君子違不適讐國陳乃宋讐而奔焉尤可誅也

○附錄

宋皇國父爲大宰。爲平公築臺。妨於農收。子罕請俟農功之畢。公弗許。周十一月令之九月正收斂之時築者謳曰。澤門之皙。實興我役。邑中之黔。實慰我心。澤門宋東城門皙白黔黑也皇國父白色而居于澤門故云澤門之皙子罕黑色而居于邑中故云邑中之黔子罕聞之。親執扑以行築者。而抶

其不勉者。曰。吾儕小人。皆有闔廬以辟燥溼寒暑。今君爲一臺而不速成。何以爲役。謳者乃止。扑杖也行巡行也扶擊也不勉不勉力之人闔閉塞也或問其故。子罕曰。宋國區區而有詛有祝。禍之本也。子罕本欲緩役令更督役故或者疑而問之區區小也子罕恐以得罪而爲君相所忌且惡獨有美名故分其謗

○附錄

齊晏桓子卒。晏嬰麤縗斬。苴絰帶。杖。菅屨。食鬻。居倚廬。寢苫。枕草。桓子卽晏弱嬰其子也麤三升布也縗在胷前斬不緝之也苴麻之有子者取其麤也杖竹杖也菅屨草屨也食鬻謂朝一溢米暮一溢米也倚廬倚東墻而爲之苫編草也枕草以草爲枕也杜預氏云此禮與士喪禮畧同其異惟枕草耳縗七雷反苴七徐反菅音姦苫傷廉反其老曰。非大夫之禮也。曰。唯卿爲大夫。老晏子家臣當時所行士及大夫喪服各有不同晏子反時以從正實爲大夫而行

當時之士禮其家臣不解故據時所行而譏之晏子言諸侯之制降于天子一等故唯卿得服大夫之服我乃大夫故得服士之服蓋惡其直已以斥時之失乃孫辭以辟咎耳○邵寶氏曰父母之喪無貴賤一也齋疏之服飦粥之食自天子達今曰禮卿大夫士異何居斯禮也周其衰矣衛幕布魯幕綃魯衛之所謂禮也晏子之老所謂大夫之禮者亦然故晏子不居其曰唯卿爲大夫者所謂巽以出之也

經 丙午 十有八年春白狄來。狄不能行朝禮故不言朝 ○夏晉人執衛行人石買。晉不能討買本罪乃因其爲使而執之故經書行人以罪晉也 ○秋齊師伐我北鄙。○冬十月公會晉侯宋公衛侯鄭伯曹伯莒子邾子滕子薛伯杞伯小邾子同圍齊。書同圍見諸侯之惡齊 ○曹伯負芻卒于師。無傳 ○楚公子午帥師伐鄭。

傳 十八年春白狄始來。白狄狄之別名未嘗與魯接故云始 ○夏晉人執衛行人石買于長子。執孫蒯于純留。爲曹故也。長子純留晉二邑今屬山西潞安府經不書孫蒯以父在位且蒯非卿也前年衛石買無故伐曹晉以此執之○姜寶氏曰以伐曹見執晉知買伐曹之爲惡矣而未知孫氏逆君之爲惡也況行人非所當執乎○

秋。齊侯伐我北鄙。中行獻子將伐齊。夢與厲公訟。弗勝。公以戈擊之。首隊於前。跪而戴之。奉之以走。見梗陽之巫皐。他日見諸道。與之言同。巫曰。今茲主必死。若有事於東方。則可以逞。獻子許諾。獻子前弒厲公故夢與訟梗陽晉邑今山西清源縣南有梗陽城皐巫名見諸道道中見巫也同同此夢也主謂獻子巫知獻子有死徵故迎其意勸之致死伐齊隊音墜奉音捧

晉侯伐齊。將濟河。獻子以朱絲係玉二瑴而禱曰。齊環怙恃其險。負其衆庶。棄好背

盟。陵虐神主。曾臣彪將率諸侯以討焉。其官臣偃實先後之。苟捷有功。無作神羞。官臣偃無敢復濟。唯爾有神裁之。沈玉而濟。雙玉曰瑴環齊靈公名負依也民爲神之主以齊數伐魯以殘民故云陵虐神主曾重也禮諸侯視四岳不得稱臣此稱曾臣言己又爲天子之臣也官臣守官之臣偃獻子名苟庶幾也羞耻也言無至敗事貽神之耻也無敢復濟誓不復渡河歸也沈玉而濟沉玉于河以質信事神而復濟冬。十月。會于魯濟。尋溴梁之言。同伐齊。齊侯禦諸平陰。塹防門而守之。廣里。夙沙衛曰。不能戰。莫如守險。弗聽。諸侯之士門焉。齊人多死。魯濟魯之濟地十六年溴梁盟云同討不庭故此伐齊爲尋其言平陰齊邑今山東平陰縣城南有防門齊作塹于此以拒晉横行廣一里守險擇險要而守之謂防門不足爲險也（塹）潛去聲范宣子告

也（瑴）音角（背）音佩

析文子曰吾知子敢匿情乎魯人莒人皆請以車千乘自其鄉入既許之矣若入君必失國子盍圖之子家以告公公恐晏嬰聞之曰君固無勇而又聞是弗能久矣

析文子齊大夫子家也知子與子相知也魯莒在齊之東故請自其鄉入齊荅宣子譎言以恐齊也弗能久不能久與晋敵也

齊侯登巫山以望晋師晋人使司馬斥山澤之險雖所不至必旆而疏陳之使乘車者左實右偽以旆先輿曳柴而從之齊侯見之畏其衆也乃脱歸

巫山齊山名斥堠也凡山澤險阻處皆置斥堠雖人所不至處必建立旌旗以爲陳使乘兵車者以人實居左而偽以衣服爲人形以居右其兵車皆建旆以先驅以輿曳柴從車之後以揚塵此皆詐爲兵多以恐齊也陳音陣

丙寅晦齊師夜遁師曠告晋侯曰

烏烏之聲樂。齊師其遁。邢伯告中行伯曰。有班馬之聲。齊師其遁。叔向告晉侯曰。城上有烏。齊師其遁。邢伯晉大夫邢侯也中行伯荀偃也班別也齊營既空故烏得爲樂馬以離別而喧烏亦止於城上〔樂〕音洛

十一月丁卯朔。入平陰。遂從齊師。夙沙衛連大車以塞隧而殿。殖綽郭最曰。子殿國師。齊之辱也。子姑先乎。乃代之殿。衛殺馬於隘以塞道。晉州綽及之。射殖綽中肩。兩矢夾脰。曰。止將爲三軍獲。不止將取其衷。顧曰。爲私誓。州綽曰。有如日。乃弛弓而自後縛之。其右具丙。亦舍兵而縛郭最。皆衿甲面縛。坐于中軍之鼓下。從追及之也夙沙衛以大車相連塞隧道而殿車後此即衛所欲守險也殖綽郭最齊之勇士

二子以衛奄人殿師爲辱國代之衛恨二子譏已故殺馬於狹處以塞其道欲使晉得之今山東長清縣有隔馬山因以爲名脰頸也獲生獲也取秉復射兩矢之中取其咽喉也殖綽欲降懼其見殺故顧州綽而求其私誓如日言必不殺汝明如日也弛放也具丙州綽車右之名衿甲不解甲也【殿】顛去聲【射】音石【中】丁仲反【衿】欽去聲 晉人欲逐歸者。魯衛請攻險。己卯。荀偃士匄以中軍克京茲。乙酉。魏絳欒盈以下軍克邿。趙武韓起以上軍圍盧。弗克。十二月戊戌。及秦周。伐雍門之萩。范鞅門于雍門。其御追喜以戈殺犬于門中。孟莊子斬其橁以爲公琴。己亥。焚雍門及西郭南郭。劉難士弱率諸侯之師焚申池之竹木。壬寅。焚東郭北郭。范鞅門于揚門。州綽門于東閭。左驂迫。還于門中。

以枚數闔。晉欲長驅深入魯衛恐腹背受敵故請攻城守之險固者京茲在平陰東南今山東長清縣有盧城皆齊地秦周魯大夫雍門齊城門萩楸同木也門謂攻門殺犬示閒暇也孟莊子孺子速也櫄亦木雍門所植者斬爲魯公琴亦示閒暇也劉難士弱皆晉大夫申池齊南城西門揚門齊西門東閭齊東門追爲物所逼也還盤辟不進也枚馬檛闔門扇以馬檛數其門扇示無恐也〔萩〕音秋〔櫄〕音森〔還〕音旋〔數〕音所

齊侯駕。將走郵棠。大子與郭榮扣馬曰。師速而疾畧也。將退矣。君何懼焉。且社稷之主。不可以輕。輕則失衆。君必待之。將犯之。大子抽劍斷鞅。乃止。郵棠齊邑大子光也郭榮齊大夫扣牽也畧畧行其地無久攻意也犯之齊侯將犯之而行鞅馬腹帶也

甲辰東侵及濰。南及沂。濰水源出山東莒州達密州沂水出尼山右流入泗陳傅良氏云傳見晉師之暴於是天子始昏齊〔濰〕音維○張洽氏曰四年之中六伐鄙而四圍邑又從邾莒以助其

虐諸侯之陵暴未有若是之甚者也是以動天下之兵幾亾其國○鄭子孔欲去諸大夫將叛晉而起楚師以去之。使告子庚。子庚弗許。子孔公子嘉也欲專鄭國之政將背晉而起楚師藉其力逐諸大夫子庚楚令尹公子午也去上聲楚子聞之。使揚豚尹宜告子庚曰。國人謂不穀主社稷而不出師。死不從禮。不穀即位。於今五年。師徒不出。人其以不穀為自逸。而忘先君之業矣。大夫圖之。其若之何。揚豚邑大夫名宜死不從禮謂生不能承先君之業死將降其喪禮也逸安逸也子庚歎曰。君王其謂午懷安乎。吾以利社稷也。見使者稽首而對曰。諸侯方睦于晉。臣請嘗之。若可。君而繼之。不可。收師而退。可以無害。君亦無辱。懷安懷土而安逸也利社

稷言保境安民不幸一時之功也嘗試其難易也若事可爲君以兵繼進若其不可我收兵而歸不至爲害而吾君亦無退敗之辱使去聲

子庚帥師治兵於汾。於是子蟜、伯有、子張從鄭伯伐齊。子孔、子展、子西守。二子知子孔之謀。完守入保。子孔不敢會楚師。楚師伐鄭。次於魚陵。右師城上棘。遂涉潁。次于旃然。蔿子馮、公子格率銳師侵費滑、胥靡、獻于、雍梁。右回梅山。侵鄭東北。至于蟲牢而反。子庚門於純門。信於城下而還。涉於魚齒之下。甚雨及之。楚師多凍。役徒幾盡。汾在今河南襄城縣境子庚欲伐鄭故先治兵於汾子蟜即公孫蠆伯有即良霄子張即公孫黑肱時晉圍齊故三子從鄭伯伐齊守守國也子展子西知子孔欲去諸大夫之謀完城郭內保守子孔見二子爲備故不敢出會楚師魚陵鄭之魚齒山在今汝州境城上棘者楚師將涉潁故使右師于水邊攡築小城以備進退旃然水名費滑胥靡獻于雍梁皆鄭邑回繞也梅山在今鄭州境與蟲牢皆鄭地再宿曰信魚齒山下有湛水故云涉魚齒下傳爲明年鄭討子孔張本晉人聞有楚師。師曠曰。不害。吾驟歌北風。又歌南風。南風不競。多死聲。楚必無功。董叔曰。天道多在西北。南師不時。必無功。叔向曰。在其君之德也歌謂吹律以詠八風楚在南鄭在北師曠欲審晉楚之強弱故歌南北風競強也南風音微故不競律氣不至故多死聲董叔晉大夫歲在豕韋月又建亥故多在西北不時謂觸歲月在君德言在君德修與不修意謂不繫夫歲月也

經丁未十有九年。春。王正月。諸侯盟于祝柯。即前年同圍齊之諸侯祝柯齊邑在今山東禹城縣境晉人執邾子。稱人以執惡及民也○公至自

伐齊。(無傳)○取邾田自漷水。(漷水在今南直隸沛縣東南(漷音郭))○季孫宿如晉。○葬曹成公。○夏衛孫林父帥師伐齊。(欒魴不書孫林父并將也)○秋七月辛卯。齊侯環卒。○晉士匄帥師侵齊。至穀。聞齊侯卒。乃還。(穀齊地)○八月丙辰。仲孫蔑卒。(無傳)○齊殺其大夫高厚。○鄭殺其大夫公子嘉。○冬。葬齊靈公。(無傳)○城西郛。○叔孫豹會晉士匄于柯。(柯衛地今北直隸內黃縣有柯城)○城武城。(武城魯邑今山東費縣有武城城)

【傳】十九年春。諸侯還自沂上。盟于督揚。曰。大毋侵小。(督揚即祝柯大毋侵小載書之辭(毋音無))執邾悼公。以其伐我故。遂次于泗上。疆我田。取邾田。自漷水歸之于我。(晉執邾子以十七年邾爲

齊伐魯故泗水名疆我田正邾魯封疆之界也晉怒邾之伐魯不已故取邾田以與魯以漷水爲之界

晉侯先歸。公享晉六卿于蒲圃。賜之三命之服。軍尉司馬司空輿尉候奄皆受一命之服。賄荀偃束錦加璧乘馬。先吳壽夢之鼎。晉六卿過魯公故設享以酬之如搴戰還之賜唯無完輅荀偃中軍元帥故特賄之五匹爲束四馬爲乘壽夢吳子乘也吳壽夢獻鼎于魯因以爲名古之獻物必有以先故今以璧馬爲鼎之先〔乘〕去聲

荀偃癉疽。生瘍於頭。濟河及著雍。病目出。大夫先歸者皆反。士匄請見。弗內。請後。曰。鄭甥可。癉疽惡瘡瘍疽屬著雍晉地出睛出也匄爲中軍佐故請見問候知荀偃必死故請問當爲後者偃子荀吳鄭女所出故云鄭甥〔瘍〕音羊〔內〕音納

二月甲寅卒。而視。不可含。宣子盥而撫之曰。事吳敢不如事主。猶視。欒懷子

曰。其爲未卒事於齊故也乎。乃復撫之曰。主苟終。所不嗣事於齊者。有如河。乃瞑。受含。宣子出曰。吾淺之爲丈夫也。視目開也不可含口噤不可含珠玉也盥盥手撫撫其目也吳即鄭甥大夫稱主欒子欒盈也卒事終事也齊故伐齊之故嗣繼也宣子自愧以私心度偃故云淺之爲丈夫傳實偃前年伐齊之夢與梗陽巫之言盥音管爲去聲

○晉欒魴帥師從衛孫文子伐齊。欒魴欒氏族伐齊爲懷子之言故也

○季武子如晉拜師。晉侯享之。范宣子爲政。賦黍苗。季武子興再拜稽首曰。小國之仰大國也。如百穀之仰膏雨焉。若常膏之。其天下輯睦。豈唯敝邑。賦六月。拜師謝晉伐齊之師黍苗小雅篇詩云蓬蓬黍苗陰雨膏之悠悠南行召伯勞之以比晉侯勞魯如召伯也興起也六月亦小雅篇詩云王于出征以匡王國以比晉侯

安魯如吉甫也○附録季武子以所得於齊之兵作林鐘而銘魯功焉。林鐘律名武子以所得兵器鑄鐘作爲銘文鑄鐘上以紀魯功臧武仲謂季孫曰。非禮也。夫銘天子令德。諸侯言時計功。大夫稱伐。今稱伐則下等也。計功則借人也。言時則妨民多矣。何以爲銘。大凡爲銘之義天子銘德而不銘功諸侯舉動得時有功則銘之大夫有功伐之勞則銘之今次之銘將稱伐乎則是從大夫之例於三者爲下等也將計功乎則是借晉之功非己功也將言時乎則又妨民農務不可謂時也何銘之有且夫大伐小。取其所得以作彝器。銘其功烈。以示子孫。昭明德而懲無禮也。今將借人之力以救其死。若之何銘之。小國幸於大國。而昭所獲焉以怒之。亾之道也。彝常也鑄鐘鼎爲宗廟之常器也昭明德

昭吾國之明德懲無禮懲敵國之無禮小國謂魯大國謂齊怒怒齊也杜預氏云爲城西郛武城傳○

齊侯娶于魯曰顏懿姬無子其姪鬷聲姬生光以爲大子。顏鬷二姬母姓因以爲號懿聲皆謚兄子曰姪（鬷）子公反諸子仲子戎子戎子嬖仲子生牙屬諸戎子戎子請以爲大子許之仲子曰不可廢常不祥閒諸侯難光之立也列於諸侯矣今無故而廢之是專黜諸侯而以難犯不祥也君必悔之公曰在我而已遂東大子光使高厚傅牙以爲大子夙沙衛爲少傅諸子齊內官號戎子戎女仲子宋女皆子姓屬托也許齊侯許也廢常廢立嫡之常閒諸侯列于諸侯也難事難成也蓋光爲大子已列于諸侯之會今無罪而廢之是專黜廢諸侯而以難事犯不祥也東徙之東齊鄙也一說諸子諸妾之姓子者（屬）音燭（閒）去聲矦疾。崔杼微逆光。疾病而立之。光殺戎子。尸諸朝非禮也。婦人無刑。雖有刑。不在朝市。微逆微服而逆也或云客也疾疾病公病甚也婦人無黥刖之刑雖犯大刑至死猶不暴其尸○愚按子光聞父之疾而自立殺其所愛爲惡已甚何暇識尸諸朝之爲非禮乎愚因疑環之死未必非光爲之他日踰墻之禍乃其所也夏五月。壬辰晦。齊靈公卒。莊公即位。執公子牙於句瀆之丘。以夙沙衛易己。衛奔高唐以叛。莊公大子光也經書七月辛卯光定位而後赴也易己謂衛教公易己高唐齊邑今爲山東高唐州〔句〕音鉤〔瀆〕音豆○晉士匄侵齊。及穀。聞喪而還。禮也。禮不伐喪故善其還師不待君命○附錄於四月。丁未。鄭公孫蠆卒。赴於晉大夫。范宣子言於晉侯。以其善於伐秦也。六月。晉侯請於王。王追賜之大路。使以行禮也。四月此年之四月也十四年晉伐秦子蟜見諸侯之師而勸之濟涇故云善於伐秦禮大夫有功則賜服路故簡王追賜子蟜以大路之服使得以行葬禮○秋八月。齊崔杼殺高厚於灑藍而兼其室。書曰齊殺其大夫。從君於昏也。灑藍齊地兼并也傳解經不言崔杼殺而爲國討文蓋以高厚從公昏謬之政廢光立牙不能諫止故也〔灑〕色買反○趙鵬飛氏曰高既以罪誅齊之權在崔而已故不旋踵而有崔杼之逆高之殺崔之孳齊之禍也○鄭子孔之爲政也專。國人患之。乃討西宮之難。與純門之師。子孔當罪。以其甲及子革子良氏之甲守。甲辰。子展子西率國人伐之。殺子孔而分其室。十年尉止等作難西宮子孔知而不言前年子孔召楚師至于純門當罪當受此二罪守子孔自守書曰鄭殺其大夫。專也。經亦以國討爲文以其專權也子然子孔宋子之子也。士子孔，圭嬀之子也。圭嬀之班亞宋子而相親也。士子孔亦相親也。僖之四年，子然卒。簡之元年，士子孔卒。司徒孔實相子革、子良之室。三室如一，故及於難。子革、子良出奔楚。子革爲右尹。子然，子革父。士子孔，子良父。宋子、圭嬀皆鄭穆公妾。亞，次也。圭嬀之班在宋子之次。二母甚相親愛，故士子孔與子然、子孔亦甚相親愛。鄭僖四年，爲魯襄之六年。鄭簡元年爲魯襄之八年。司徒孔，即子孔。相，助也。子孔、子革、子良三室同心如一家，故子革、子良併及其難。子革即鄭丹，爲楚右尹。嬀，居危反。相，去聲。鄭人使子展當國，子西聽政，立子產爲卿。簡公猶幼，故使子展當國，攝君事。

○附錄 齊慶封圍高唐，弗克。冬十一月，齊侯圍之，見衛在城上，號之，乃下。問守備焉，以無備告。揖之，乃登。聞師將傅。食高唐人殖綽工僂會夜縋納師。醢衛于軍。夙沙衛以高唐叛故慶封圍之號召也下衛下城與齊侯語也齊侯以衛所告誠故揖而禮焉欲生之衛志于戰亥故不順其揖而登城齊師將附城故食高唐人殖綽工僂齊二士會昏夜時登城而高唐人方會食故不及禦二子從城上懸繩納師號如字傳音附食音嗣僂音樓縋音墜○城西郛。懼齊也。郛郭也前年魯與晉勝齊故懼齊而城西郛爲備○齊及晉平。盟于大隧。故穆叔會范宣子於柯。穆叔見叔向。賦載馳之四章。叔向曰。肸敢不承命。大隧地闕齊晉既平魯懼齊故爲柯會以自固載馳衛風篇其四章云控于大邦誰因誰極控持而告之也因依也極至也取其欲引大國以自救助也叔向度齊未肯以盟故許救魯。○湛若水氏曰觀此傳則柯之會豹專以國托晉大夫叔向專以政許魯大夫當是之時政在大夫可見矣穆叔歸曰。齊猶未也。不可以不懼。乃城武城。猶未猶未服齊也○附録衛石共子卒。悼子不哀。孔成子曰是謂蹷其本。必不有其宗。石共子卽石買悼子買之子石惡也孔成子衛大夫蹷猶拔也杜預氏云爲二十八年石惡出奔傳(共)音恭(蹷)音掘

春秋左傳註評測義卷之三十六終

春秋左傳註評測義卷之三十七

明吳興後學淩稚隆輯著

襄公六

【經】戊申二十年春王正月辛亥，仲孫速會莒人盟于向。向，莒邑。○夏六月庚申，公會晉侯、齊侯、宋公、衛侯、鄭伯、曹伯、莒子、邾子、滕子、薛伯、杞伯、小邾子，盟于澶淵。澶淵，衛地，今北直隸開州有澶淵城。澶，市然反。○秋，公至自會。無傳。○仲孫速帥師伐邾。○蔡殺其大夫公子燮。莊公子。○蔡公子履出奔楚。○陳侯之弟黃出奔楚。○叔老如齊。○冬十月丙辰朔，日有食之。無傳。○季孫宿如宋。

傳二十年春，及莒平。孟莊子會莒人盟于向，督揚之盟故也。莒數伐魯，前年諸侯盟于督揚以和解之，至是二國復自共盟以結其好。◎夏，盟于澶淵，齊成故也。齊與晉成之故。○愚按：齊之無道，十二諸侯環其郛而終不服，乃今以晉士匄不伐喪之故，遂感而受盟，脩德懷遠，信哉。◎邾人驟至，以諸侯之事弗能報也。秋，孟莊子伐邾以報之。驟，數也。十五年、十七年邾伐魯，魯以從諸侯之故，至是始報之。○黃震氏曰：祝柯之會，晉巳爲魯執邾子，取邾田矣。澶淵之會，魯又方與邾同盟矣，不宜更伐之也。孟獻子父喪方新，而盟莒伐邾，專橫如此，急於擅魯爾。◎蔡公子燮欲以蔡之晉，蔡人殺之。公子履，其母弟也，故出奔楚。蔡久事楚，燮欲背之而事晉，國人不欲，故殺之。公子履與兄同謀，故出奔楚。陳慶虎、慶寅畏公子黃之偪，愬諸楚曰：與蔡司馬同謀。楚人以爲討公子黄出奔楚。二慶陳卿偪奪其政也蔡司馬即公子燮同謀同欲之晉也楚人因以此討責陳罪黄奔楚欲自理也　初蔡文侯欲事晉曰先君與於踐土之盟晉不可弃且兄弟也畏楚不能行而卒楚人使蔡無常公子燮求從先君以利蔡不能而死書曰蔡殺其大夫公子燮言不與民同欲也先君謂父莊侯踐土盟在僖二十八年文侯卒於宣十七年使徵發也無常無準則也不能與蔡人不相能也不與民同欲罪燮違衆以致禍也○愚按燮之欲去楚而之晉也既以追成先志又懼楚役求紓其民皆謀國之合義者不幸見殺於國人而左氏遂以違衆罪之以強合國殺之例繆矣先儒云以例而求經其說鮮不鑿者陳侯之弟黄出奔楚言非其罪也公子黄將出奔呼於國曰慶氏無道求專陳國暴蔑其君而去其親五年不滅。是無天也。陳侯不能制御羣臣下使逐其弟故經稱弟罪陳侯及二慶也親謂兄弟杜預氏云爲二十三年陳弑二慶傳○齊子初聘于齊禮也。齊子即叔老齊魯本婚姻之國齊屢加侵於魯既絕好矣今以澶淵之會而魯復使叔老聘齊故云初繼好息民故云禮○冬。季武子如宋。報向戌之聘也。褚師段逆之以受享。賦常棣之七章以卒。宋人重賄之。歸復命。公享之。賦魚麗之卒章。公賦南山有臺。武子去所。曰。臣不堪也。向戌聘在十五年褚師段宋共公子子石也常棣小雅篇自七章至八章云妻子好合如鼓瑟琴宜爾室家樂爾妻孥武子賦此言二國好合宜其室家相親如兄弟也公魯襄公魚麗亦小雅篇其卒章云物其有矣維其時矣武子賦此喻聘宋得其時也南山有臺亦小雅篇其首章二章云樂只君子邦家之基樂只君子邦家之光公賦此喻武子奉使爲國光輝也去所避席也褚音主○附錄

衛甯惠子

疾召悼子曰吾得罪於君悔而無及也名藏在諸侯之策曰孫林父甯殖出其君君入則掩之若能掩之則吾子也若不能猶有鬼神吾有餒而已不來食矣悼子許諸惠子遂卒惠子即甯殖悼子即甯喜殖之子也得罪于君謂十四年逐衛獻公掩掩其惡名也言汝能納君掩我惡名則汝能爲我子汝若不能則我雖死鬼魄猶有知吾寧爲餓餒之鬼必不享汝之祭杜預氏云爲二十六年衛侯歸傳○愚按殖也生而出其君及死又命其子入之爲舊君逐新君獲罪兩君惡滋益焉豈惟諸侯之策不可掩抑甯氏之先人實不血食而殖之餒於何有甚矣殖之愚也爲喜者曷不以是辭父廼徒用其亂命卒以墜族誰爲惜之

經己酉二十有一年春王正月公如晉公羊傳是年十有一月庚子孔子生○邾庶其以漆閭丘來奔庶其邾大夫漆閭丘邾二邑皆在今山東鄒縣

境不稱叛而書來奔杜預氏謂據適魯而言內外之辭○夏公至自晉無傳○秋晉欒盈出奔楚盈不能以禮法防閑其母以取奔亾稱名罪之○九月庚戌朔日有食之無傳○冬十月庚辰朔日有食之無傳○曹伯來朝○公會晉侯齊侯宋公衛侯鄭伯曹伯莒子邾子于商任商任地闕(任)音壬

傳二十一年春公如晉拜師及取邾田也謝十八年伐齊之師及十九年漷水之田○邾庶其以漆閭丘來奔季武子以公姑姊妻之皆有賜於其從者姑姊襄公之姑及姊二人也(妻)(從)皆去聲○趙鵬飛氏曰自受庶其其後莒牟夷邾黑肱接踵而至曲阜之地遂爲賊淵然皆非君命也襄公如晉而庶其以漆閭丘來昭公如晉而牟夷以牟婁防茲來昭公在乾侯而黑肱以濫來爲賊淵者實季氏也○孫應鰲

氏曰姑姊不同分位豈可同室而處並事共夫臧武仲徒知賞盜不足以止盜而不知戚禮不足以爲國

許曰問我諸姑遂及伯姊姑先于姊示禮也

於是魯多盜季孫謂臧武仲曰子盍詰盜武仲曰不可詰也紇又不能季孫曰我有四封而詰其盜何故不可子爲司寇將盜是務去若之何不能詰治也不能才不能也四封四方封疆也武仲曰子召外盜而大禮焉何以止吾盜子爲正卿而來外盜使紇去之將何以能武仲言汝召外國之盜而大加以禮貌何以止吾國中之盜此盜所以不可治汝爲魯之命卿而引致外國之盜及使我去內盜此我所以不能治盜庶其竊邑於邾以來子以姬氏妻之而與之邑其從者皆有賜焉若大盜禮焉以君之姑姊與其大邑其次皁牧輿馬其

小者衣裳劍帶是賞盜也賞而去之其或難焉公姑姊皆姬姓故云姬氏與之邑使食其所竊二邑也大盜謂燕其皁牧輿馬謂皁輿吏僕臺圉牧八等賤役之人賞而去之言女賞盜而使我去盜也此又申明不能去盜意紇也聞之在上位者洒濯其心壹以待人軌度其信可明徵也而後可以治人夫上之所爲民之歸也上所不爲而民或爲之是以加刑罰焉而莫敢不懲若上之所爲而民亦爲之乃其所也又可禁乎夏書曰念茲在茲釋茲在茲名言茲在茲允出茲在茲惟帝念功將謂由己壹也信由己壹而後功可念也壹專一也軌度言不放縱必欲合乎法度也信謂教令也言爲政者持心專一以待人其教令必合於法度皆可明徵然後民知所守而不惑故可以治人上

所不爲不自爲惡也上所爲先自爲惡也所猶言得宜也夏書大禹謨篇茲此釋除允信也言欲行此事當念使可施于此欲有所除治於人當顧已得無有之欲名此事言此事皆當令可施于此欲信出于此當使善亦在于此蓋帝舜所以念其功者謂皆由已專壹而後功可念非徒責之人也此又申明不可詰盜意〔洒〕音洗〔度〕音鐸

庶其非卿也以地來雖賤必書重地也春秋惟卿得書庶其非卿也重其地故書其人杜預氏云其人書則惡名彰以懲不義○愚按以臣叛君竊其地而奔他國有國者所共惡魯既不能絕之以大義而又妻以姬氏春秋大書于策罪魯也而左氏曰重地恐非○附録經者

齊侯使慶佐爲大夫復討公子牙之黨慶佐執公子買于句瀆之丘公子鉏來奔叔孫還奔燕崔杼之黨買鉏還三子皆齊公族杜預氏云言莊公斥逐親戚以成崔慶之勢終有弑殺之禍〔還〕音旋

夏楚子庚卒楚子使薳子馮爲令尹訪於申叔豫叔

豫曰。國多寵而王弱。國不可為也。遂以疾辭。方暑。闕地下冰而牀焉。重繭衣裘。鮮食而寢。楚子使醫視之。復曰。瘠則甚矣。而血氣未動。乃使子南為令尹。訪子馮訪也叔豫申叔時之孫多寵則貴臣強王弱則政微不可為不可治也繭綿也重繭衣裘以示其寒鮮少也少食而寢以示其弱復醫復命也肌膚瘠雖甚而血氣未動言無疾知其詐也子南即公子追舒杜預氏云為二十二年殺追舒傳衣去聲 ○欒桓子娶於范宣子。生懷子。范鞅以其亡也。怨欒氏。故與欒盈為公族大夫。而不相能。桓子即欒黶懷子即欒盈宣子之女所生也鞅宣子之子十四年欒黶強逐范鞅使奔秦十六年士鞅與欒盈同為公族大夫不相能猶言不相得也 桓子卒。欒祁與其老州賓通。幾亡室矣。懷子患之。祁懼其討也。愬諸宣子曰。盈將爲亂以范氏爲死桓主而專政矣曰吾父逐鞅也不怒而以寵報之又與吾同官而專之吾父死而益富死吾父而專於國有死而已吾蔑從之矣其謀如是懼害於主吾不敢不言范鞅爲之徵欒祁即桓子所娶范宣子女盈之母也范氏堯後祁姓故云欒祁老家宰之長州賓宰姓名幾亡室言州賓將有范氏之室討謂討州賓之罪死桓主謂范氏欺欒黶爲已死而遂專政也曰以下欒祁繆爲欒盈之言言吾父黶常逐鞅宣子不責怒鞅反與之寵位又鞅與盈同爲公族大夫而鞅獨擅其權今吾父死而宣子益富強蓋宣子死吾父而專政如此吾有死以作難而已無復從宣子之後也徵證也鞅素怨欒氏故證其有此謀〔幾平聲〕

懷子好施士多歸之宣子畏其多士也信之懷子爲下卿宣子使城著而遂逐之秋欒盈出奔楚宣子殺

箕遺黃淵嘉父司空靖邴豫董叔邴師申書羊舌虎叔羆囚伯華叔向籍偃信謂信欒祁士鞅之譖下卿下軍位著晉外邑宣子使盈往築著城因其出而遂逐之箕遺以下十人皆晉大夫盈之黨伯華叔向皆羊舌虎兄籍偃上軍司馬〔冠〕〔施〕俱去聲○高閌氏曰盈不能防閑其母遂爲范匄所逐既取奔亾復有作亂之志故特奔于楚馬以楚強大今日可恃以逃難他日可挾以復歸也○黃震氏曰欒書弒厲公而免於討欒黶汰而以內亂亾其家盈奔雖非其罪而積惡之自來矣人謂叔向曰子離於罪其爲不知乎叔向曰與其死亾若何詩曰優哉游哉聊以卒歲知也離遭也不知譏其受囚不能先去也死亾若何言雖因猶勝于死亾也詩逸詩言君子優游于衰世以避害而終其壽是亦知也〔知〕去聲樂王鮒見叔向曰吾爲子請叔向弗應出不拜其人皆咎叔向叔向曰必祁大夫室

老聞之曰樂王鮒言於君無不行求赦吾子吾子不許祁大夫所不能也而曰必由之何也叔向曰樂王鮒從君者也何能行祁大夫外舉不棄讎內舉不失親其獨遺我乎詩曰有覺德行四國順之夫子覺者也樂王鮒晉大夫樂桓子也其人叔向從人祁大夫祁奚也食邑于祁因以爲氏必祁大夫言能免我者必此人也室老叔向家臣不能其言不能動君也從君從順其君也外舉謂舉解狐內舉謂舉其子祁午事在三年詩大雅抑之篇覺正直也言有德行正直則四國皆順夫子謂祁大夫[爲]去聲[德][行]去聲

晉侯問叔向之罪於樂王鮒對曰不棄其親其有焉

於是祁奚老矣聞之乘駟而見宣子曰詩曰惠我無疆子孫保之書曰聖有謨勳明徵定保夫謀而鮮過

惠訓不倦者。叔向有焉。社稷之固也。猶將十世宥之。以勸能者。今壹不免其身。以弃社稷。不亦惑乎。鯀殛而禹興。伊尹放大甲而相之。卒無怨色。管蔡爲戮。周公右王。若之何其以虎也弃社稷。子爲善。誰敢不勉。多殺何爲不弃其親言篤親親之恩其有言必與叔虎同謀也王鮒恨向不應不拜故因君問而諮之老謂告老在三年馹傳車也乘馹欲其速至詩周頌烈文篇言文武有惠訓之德無窮故子孫安享其國書夏書胤征篇謨謀勳功也言聖哲謀謨有功故能明有效驗謀而鮮過卽書聖有謨勳之謂惠訓不倦卽詩惠我無疆之謂壹壹以弟故也弃社稷弃絕社稷之所倚賴也舉殛鯀言不以父罪廢其子舉伊尹言不以一怨妨大德舉管蔡言兄弟罪不相及以虎弃社稷言不得以虎罪戮及其兄以弃社稷之臣也相去聲宣子說。與之乘。以言諸公而免之。不見叔向而歸叔向亦不告免焉而朝與之乘與祁奚共載也不見亦不告皆爲國無私也說音悅初叔向之母妬叔虎之母美而不使其子皆諫其母其母曰深山大澤實生龍蛇彼美余懼其生龍蛇以禍女女敝族也國多大寵不仁人間之不亦難乎余何愛焉使往視寢生叔虎美而有勇力欒懷子嬖之故羊舌氏之族及於難不使謂不使見叔向父其子即叔向輩其母叔向母也言非非常之地多生非常之物彼婦之美非常我恐其生非常之物以禍女家爾女家乃衰敝之族而晉國六卿專權設有非常不仁之人以間其間女必難以免禍我之所慮在此非非愛惜彼婦不使見女父也女音汝間難俱去聲欒盈過於周周西鄙掠之辭於行人曰天子陪臣盈得罪於王之守臣將逃罪罪重於郊

甸。無所伏竄。敢布其死。昔陪臣書能輸力於王室。王施惠焉。其子黶不能保任其父之勞。大君若不棄書之力。亡臣猶有所逃。若棄書之力。而思黶之罪。臣戮餘也。將歸死於尉氏。不敢還矣。敢布四體。唯大君命焉。欒盈奔楚而過于周掠奪其財也行人天子行人之官諸侯之臣自稱於天子曰陪臣范宣子爲天子所命故云王之守臣郭外曰郊郊外曰甸重得罪於郊甸言爲郊甸所侵掠也布陳也書欒書也輸力謂輔相晉國以翼戴天子施惠謂賜之命服黶欒黶也大君謂天子力即輸力亡臣欒盈自謂戮餘罪戮之餘尉氏周討姦之官布四體言無所隱也王曰。尤而效之。其又甚焉。使司徒禁掠欒氏者。歸所取焉。使候出諸轘轅。言晉逐欒盈方以爲過而又效其所爲其過又甚於晉也司徒掌會萬民之卒伍故使之禁止掠欒氏者候送迎賓客之官周禮候人是也轘轅關名令河南登封縣有轘轅嶺○冬曹武公來朝始見也卽位三年始來見公○會于商任錮欒氏也禁錮欒盈使諸侯不得受之錮音固齊侯衛侯不敬叔向曰二君者必不免會朝禮之經也禮政之輿也政身之守也怠禮失政失政不立是以亂也言禮以會朝而定故會朝爲禮之常經政須禮而行故禮爲政之車輿政存則身安故政爲身之守備是以怠慢於禮者必失其政惰失其政者不可以立身此禍亂所由生也杜預氏云爲二十五年齊弑光二十六年衛弑剽傳○知起中行喜州綽邢蒯出奔齊皆欒氏之黨也樂王鮒謂范宣子曰盍反州綽邢蒯勇士也宣子曰彼欒氏之勇也余何獲焉王鮒曰子爲彼欒氏乃亦子之勇也知起以下四子皆晉大夫欒盈之黨反謂召而

復之何獲言不得爲已用也子謂宣子王鮒言子能爲彼欒氏厚遇其人則二子之勇亦當爲子用也

○齊莊公朝。指殖綽郭最曰。是寡人之雄也。州綽曰。君以爲雄。誰敢不雄。然臣不敏。平陰之役。先二子鳴。雄猶勇也時州綽出奔齊十八年晉伐齊及平陰州綽獲殖綽郭最故自比于雞鬭勝而先鳴莊公爲勇爵。殖綽郭最欲與焉。州綽曰。東閭之役。臣左驂迫還於門中。識其枚數。其可以與於此乎。勇爵設爵位以命勇士一云爵飲酒器設此以觴勇士州綽以枚數門夜在十八年還音旋與音預公曰。子爲晉君也。對曰。臣爲隸新。然二子者。譬於禽獸。臣食其肉而寢處其皮矣。隸僕隸也爲隸新言臣齊日淺未得效勇也食肉寢皮喻已能得而恣用之不足爲勇也子爲晉去聲

【經】庚戌二十有二年春王正月。公至自會。無傳 ○夏四月。○秋。七月辛酉。叔老卒。無傳。叔老，即子叔齊。○冬。公會晉侯、齊侯、宋公、衛侯、鄭伯、曹伯、莒子、邾子、薛伯、杞伯、小邾子于沙隨。沙隨，宋地。○公至自會。無傳 ○楚殺其大夫公子追舒。追舒，即子南。罪不至死，故稱國以殺，不去其官。

【傳】二十二年。附録 春。臧武仲如晉。雨，過御叔。御叔在其邑，將飲酒，曰：焉用聖人？我將飲酒而已。雨行，何以聖爲？時公與晉侯外會，將還魯之守卿，遣武仲爲公謝不敏，非公命，故經不書。御叔，魯御邑大夫。武仲多知，時謂之聖，故御叔戲之，言其不須知將雨而出，不足爲聖也。過，平聲。穆叔聞之曰：不可使也，而傲使人，國之蠹也。令倍其賦。言御叔無才，不可任使，而又傲慢君之使人徒糜祿而無益此國家之蠹害也故倍征御邑常賦以罰之葢大夫受采地以三分之一歸于公今曰倍賦是以二入公也【使】人去聲○附錄夏。晉人徵朝于鄭。徵召也時鄭事晉已恭復召之朝鄭人使少正公孫僑對曰。在晉先君悼公九年。我寡君於是即位。即位八月。而我先大夫子駟從寡君以朝于執事。執事不禮於寡君。寡君懼。因是行也。我二年六月。朝于楚。晉是以有戲之役。少正鄭卿官公孫僑即子產鄭以其善於辭令故使答晉使晉悼九年魯襄之八年也即位八月即位年之八月也不敢斥言晉侯故云朝于執事因此行不見禮于晉鄭遂於即位之二年六月朝于楚而晉於是伐鄭有戲之役在魯襄九年楚人猶競。而申禮於敝邑敝邑欲從執事。而懼爲大尤。曰。晉其謂我不共有禮。是以不敢攜貳於楚。我四年三月。先大夫子蟜又從寡君以觀釁於楚。晉於是乎有蕭魚之役。謂我敝邑邇在晉國。譬諸草木。吾臭味也。而何敢差池。競強也楚人勢強猶欲與晉爭鄭是年冬楚人伐鄭言申禮飾詞也尤過也言鄭人雖欲從晉而懼有大過于晉謂我不共順于有禮之國我是以受盟于楚亦飾詞也子蟜公孫蠆也觀釁于楚往視楚之釁隙也時鄭實朝楚曰觀釁者亦飾辭也差池不齊也言晉鄭本同姓譬諸草木氣味相類鄭不得別有所向不專心從晉也楚亦不競。寡君盡其土實。重之以宗器。以受齊盟。遂帥羣臣隨于執事。以會歲終。貳於楚者。子侯石盂。歸而討之。不競不敢與晉爭競也土實土地所有宗器宗廟之器齊盟盟齊一之盟會歲終朝正也石盂即石臭鄭使石臭從良霄以告楚楚人執之言歸討亦飾辭也溴梁之明年。子蟜老矣。公孫夏從寡君以朝于君見於嘗酎與執燔焉閒二年聞君將靖東夏四月又朝以聽事期溴梁在魯襄十六年明年則十七年也公孫夏即子西酎重釀酒也燔祭肉也閒二年魯襄二十年也東夏東方諸侯聽事期聽澶淵會事之期〔見〕音現〔酎〕音紂〔[illegible]〕音頻〔閒〕去聲不朝之閒無歲不聘無役不從以大國政令之無常國家罷病不虞荐至無日不惕豈敢忘職虞度荐仍也言不虞度晉國徵朝之命仍荐而至也惕懼也大國若安定之其朝夕在庭何辱命焉若不恤其患而以為口實其無乃不堪任命而翦為仇讎敝邑是懼其敢忘君命委諸執事執事實重圖之在庭來朝也口實徵責之言實出於口也翦削也仇讎皆晉為仇敵也杜預氏云傳言子產有辭所以免大國之討○附錄秋欒盈自楚適齊

晏平仲言於齊侯曰商任之會受命於晉今納欒氏將安用之小所以事大信也失信不立君其圖之弗聽平仲卽晏嬰商任之會在前冬受命受錮欒氏之命退告陳文子曰君人執信臣人執共忠信篤敬上下同之天之道也君自弃也弗能久矣文子陳敬仲之後杜預氏云爲二十五年齊弑其君光傳共音恭〇附錄

九月鄭公孫黑肱有疾歸邑于公召室老宗人立段而使黜官薄祭祭以特羊殷以少牢足以共祀盡歸其餘邑黑肱子張也其子段卽子石黜官減黜其官薄省特一殷盛也禮大夫特祭少牢盛祭大牢此四時祭以特羊三年盛祭以羊豕少牢從其薄也歸歸之公也曰吾聞之生於亂世貴而能貧民無求焉可以後亾敬共事君與二三

子生在敬戒不在富也無求無覬望也二三子謂執政大臣戒儆戒也言人所以保全其生在於恭敬儆戒勅不在於多財也已巳伯張卒君子曰善戒詩曰慎爾侯度用戒不虞鄭子張其有焉伯張即黑肱善戒善于敬戒也詩大雅抑篇侯維也言慎謹惟在法度用以戒不虞之事○冬會于沙隨復錮欒氏也晉知欒盈在齊故復爲會以錮之欒盈猶在齊晏子曰禍將作矣齊將伐晉不可以不懼齊雖再受錮欒氏之命猶庇欒盈在齊杜預氏云爲明年齊伐晉傳○愚按晉以柄臣讒盈之故期年兩合諸侯以錮之失霸之義矣是以齊莊不服明雖爲會而陰實保之明年遂敢于伐晉也昔楚子不聽子反錮巫臣其賢于晉平遠矣○楚觀起有寵於令尹子南未益祿而有馬數十乘楚人患之王將討焉子南之子弃疾爲王御士王每見之必

泣弃疾曰君三泣臣矣敢問誰之罪也王曰令尹之不能爾所知也國將討焉爾其居乎對曰父戮子居君焉用之洩命重刑臣亦不爲子南偏愛觀起不義致富故祿少而馬多御士御王車者不能謂不稱職爾其居欲留使事巳也洩命漏洩君命使父知之也重增也洩息列反○愚按觀起恃令尹爲富罪不及死何致轘諸四竟而弃殺令尹乎且殺其父而告諸子子不洩命而甘心其父此豈人情愚斯之未敢信王遂殺子南於朝轘觀起于四竟子南之臣謂弃疾請徙子尸於朝曰君臣有禮唯二三子三日弃疾請尸王許之既葬其徒曰行乎曰吾與殺吾父行將焉入曰然則臣王乎曰弃父事讎吾弗忍也遂縊而死轘車裂也臣家臣子謂子南家臣欲犯命以取殯故請子尸弃疾不欲犯

命而移尹故云君臣有禮行去適他國也弃疾知王欲殺父而不以告故云與殺吾父王於分爲君於事爲仇行與臣之皆不可故自縊杜預氏云傳譏康王與人子謀其父失君臣之義【與】音預○愚按弃疾之爲臣子過矣夫父果無罪而君欲殺之則號泣而請不得則奉父而逃孝也亦不害爲忠父果有罪而君已殺之則敬共其職以葢父愆而中實隱痛焉忠也亦不失爲孝今也不然始則視父若途人雖死而莫爲救也終則指君爲讐人寧死而莫爲用也見謂不洩君命爲忠而實成其不孝見謂不事父讐爲孝而實見其不忠其于君父之間無一而可者也去復使留無據遂自裁焉噫亦晚矣疇謂弃疾不幸哉

薳子馮爲令尹。公子齮爲司馬。屈建爲莫敖。有寵於薳子者八人。皆無祿而多馬。前年使薳子馮爲令尹不受故言復使屈建子木也【齮】音蟻 他日朝。與申叔豫言。弗應而退。從之。入於人中。又從之。遂歸。退朝見之。曰。子三困我於朝。吾懼。不敢不見吾過子姑告我何疾我也對曰吾不免是懼何敢告子曰何故對曰昔觀起有寵於子南子南得罪觀起車裂何故不懼叔豫申叔時之孫從之往從之言也申叔辟薳子不欲與言故退而入于稠人之中三困我謂弗應也入于人中也遂歸也不免是懼恐不免與子同罪也自御而歸不能當道至謂八人者曰吾見申叔夫子所謂生死而肉骨也知我者如夫子則可不然請止辭八人者而後王安之薳子聞言而懼自御其車意不在御故不能當正道生死肉骨謂已死復生白骨更肉也夫子謂申叔豫安不復疑也○附録十二月鄭游眅將如晉未出竟遭逆妻者奪之以館于邑丁巳其夫攻子明殺之以其妻行游眅公孫蠆之子逆妻者謂迎妻以歸其家者子明即游眅

子展廢良而立大叔曰。國卿。君之貳也。民之主也。不可以苟。請舍子明之類。求亾妻者。使復其所。使游氏勿怨。曰。無昭惡也。良游眅子大叔游眅弟子明有罪而良又不賢故請舍子明之類使求亾妻而殺子明者得復其所居又使游眅之家勿怨亾妻者葢游眅所以見殺為奪人妻若游氏報殺此人則父之惡益明故云無昭惡也

春秋左傳註評測義卷之三十七終

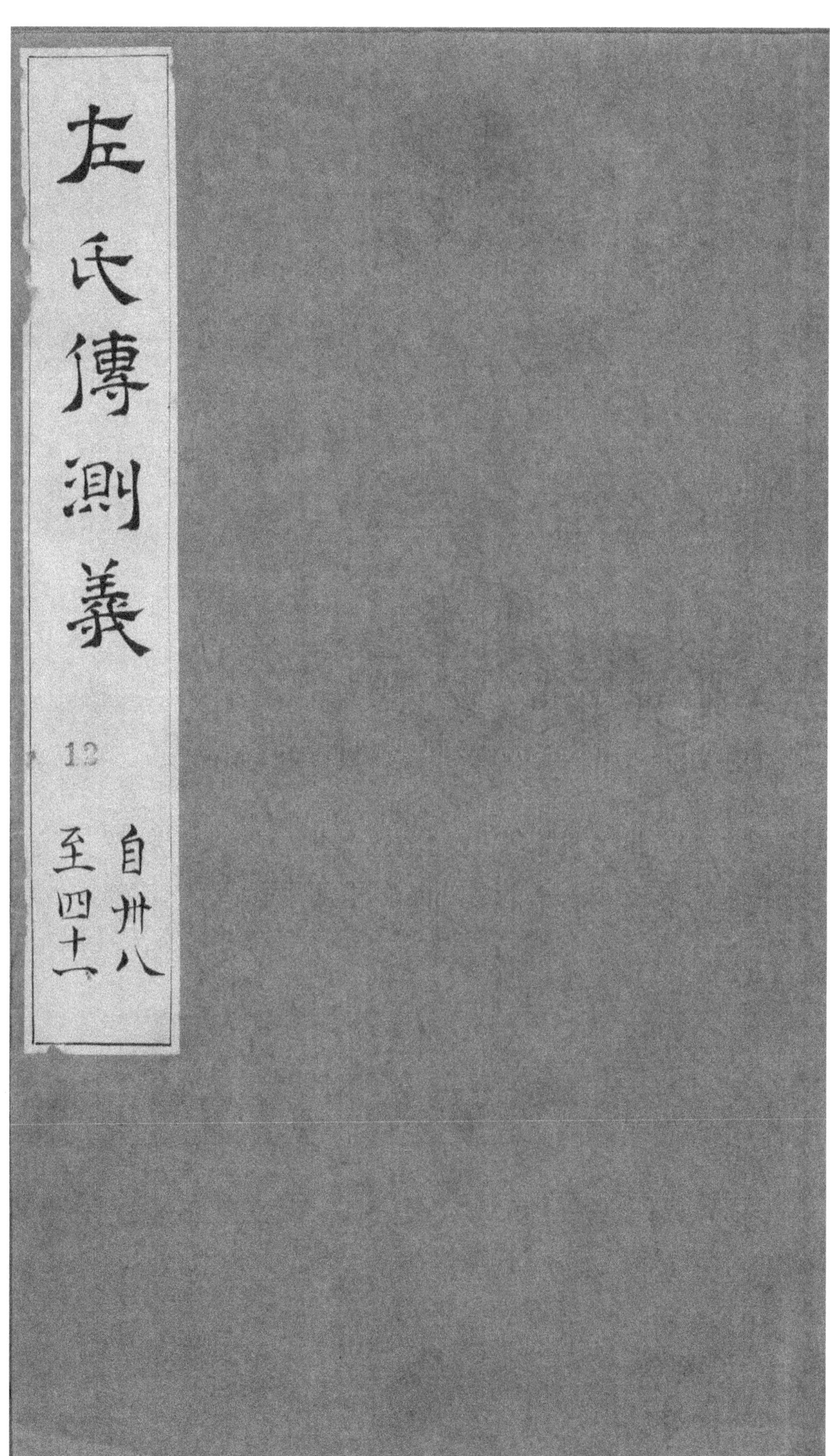
左氏傳測義
12
自卅八
至四十一

春秋左傳註評測義卷之三十八

明吳興後學淩稚隆輯著

襄公七

【經】辛亥二十有三年春王二月癸酉朔日有食之。無傳○三月己巳杞伯匄卒。○夏邾畀我來奔。無傳畀我庶其之黨○葬杞孝公。無傳○陳殺其大夫慶虎及慶寅。被殺書名罪其專國叛君也書及虎累寅也○陳侯之弟黃自楚歸于陳。諸侯納之曰歸書自楚罪其既奔夷狄之國復籍夷狄之力以歸黃之進退不正也○晉欒盈復入于晉。入于曲沃。猶繫晉欒為晉之世臣逐非國討而出于范鞅之私意也不書所自潛至也以惡入曰復入不言叛非叛者也劫衆以敵君直亂而已矣曲沃欒氏邑○秋齊侯伐衛。遂伐晉書遂齊始伐盟主也○八月叔孫豹帥師救晉次于雍榆。雍榆晉地今北直隷濬縣有雍榆城○林堯叟氏曰次而後救匿其救之形也救而先次宣其救之聲也○己卯仲孫速卒。孟莊子也○冬十月乙亥臧孫紇出奔邾。出奔以附季氏故○晉人殺欒盈○齊侯襲莒。春秋獨於此書襲譏其行盜賊之事

【傳】二十三年春杞孝公卒晉悼夫人喪之平公不徹樂非禮也禮爲鄰國闕。悼夫人晉平公母杞孝公姊妹杜預氏云禮諸侯絶期故以鄰國責之○喪如字爲去聲○愚按禮諸侯絶期平公不得爲杞孝喪不曰母有喪子可徹樂乎左氏不以母子言而但曰禮爲鄰國闕何居母有喪不樂禮也爲鄰國闕亦禮也○陳侯如楚公子黄愬二慶於楚楚人召之使慶樂往殺之慶氏以

陳叛。如朝也二一慶虎及寅也二一十年二慶譖黃于楚黃奔楚自理令因陳侯朝楚楚人信黃爲召二
慶二慶畏誅使其族慶樂往楚殺之慶氏乃以國叛夏。屈建從陳侯圍陳。陳人
城。板隊而殺人。役人相命。各殺其長。遂殺慶虎慶寅。
楚人納公子黃。君子謂慶氏不義。不可肆也。故書曰。
惟命不于常。圍陳討慶氏也慶氏治城以距君築城之版墜地慶氏殺役人於是衆役怒各
殺其隊伍之長遂殺二慶楚因納黃肆放也言不可肆放使居人上也周書康誥篇言天命不常有義則
存無義則亡隊音墜○晉將嫁女于吳。齊侯使析歸父媵之。以
藩載欒盈及其士。納諸曲沃。析歸父齊臣藩車之有障蔽者不欲人見欒盈
及其士故以藩載之使若媵妾在其中曲沃欒氏分掌之邑欒盈夜見胥午而告
之。對曰。不可。天之所廢。誰能興之。子必不免。吾非愛

死也知不集也盈曰雖然因子而死吾無悔矣我實不天子無咎焉胥午守曲沃大夫告之告以欲襲晉也集成也因子死因子舉事而死也咎天咎也言我實不爲天所祐子無天咎故可因而舉事許諾伏之而觴曲沃人樂作午言曰今也得欒孺子何如對曰得主而爲之死猶不死也皆歎有泣者爵行又言皆曰得主何貳之有盈出徧拜之伏匿也觴飲酒器孺子謂欒盈猶不死言無所悔恨也爵亦飲酒器徧拜謝衆思已也傳言懷子能得士故願爲之死四月欒盈帥曲沃之甲因魏獻子以晝入絳初欒盈佐魏莊子於下軍獻子私焉故因之獻子即魏舒絳晉國都以晝入絳輕兵掩晉之不備也魏莊子即魏絳獻子之父私私相愛也○愚按盈之爲罪止以姣毋讒搆而成非有犯上害公之事旣逐矣爲之會諸侯於商丘以錮

之已又會沙隨以堅其約必欲窮其所往使無所容其身則事窮勢迫不至爲亂不已也鋌而走險急則何擇盈之復入于晉非晉有以急之哉趙氏以原屏之難怨欒氏。韓趙方睦。中行氏以伐秦之役怨欒氏。而固與范氏和親。知悼子少而聽於中行氏。程鄭嬖於公。唯魏氏及七輿大夫與之。成八年莊姬譖原屏殺之欒欲爲徵故趙武怨欒氏趙因韓而復韓起又讓趙武故二家方睦十四年晉伐秦欒黶違荀偃命曰余馬首欲東故中行氏怨欒氏范宣子佐中行偃於中軍故與中行范氏和親知悼子知罃之子荀盈也時年十七與中行氏同祖故聽之程鄭亦荀氏宗言嬖幸於平公見其不助欒氏七輿官名與好也叙欒氏多怨以爲下文敗奔張本難去聲知音智樂王鮒侍坐於范宣子。或告曰。欒氏至矣。宣子懼。桓子曰。奉君以走固宮。必無害也。且欒氏多怨。子爲政。欒氏自外。子在位。其利多矣。既有利權。又執民柄。將何懼焉。欒氏所得。其唯魏氏乎。而可強取也夫。克亂在權。子無懈矣。樂王鮒即樂桓子君謂平公固宮之有壘觀守備者多怨言易克也持權財利之權民柄賞罰之柄強取強劫取之無懈言不可懈于用權也強上聲公有姻喪。王鮒使宣子墨縗冒絰。二婦人輦以如公。奉公以如固宮。晉夫人有杞喪晉自殽戰還常墨縗故樂王鮒使宣子墨縗冒蒙也以經蒙其首許為婦人服而入宮恐欒氏有內應也范鞅逆魏舒。則成列既乘。將逆欒氏矣。趨進曰。欒氏帥賊以入。鞅之父與二三子在君所矣。使鞅逆吾子。鞅請驂乘。持帶。遂超乘。右撫劍。左援帶。命驅之出。僕請。鞅曰。之公。宣子逆諸階。執其手。賂之以曲沃將逆欒氏與欒氏合師也二三子諸大夫驂乘必持帶恐墮墜也超踊也撫劍援帶劫之也僕魏舒之僕也請請其所至之往也公公所也宣子恐魏舒不與已同心故許賂以欒盈曲沃之邑傳言鞅用王鮒計強取魏舒

初斐豹隸也著於丹書欒氏之力臣曰督戎國人懼之斐豹謂宣子曰苟焚丹書我殺督戎宣子喜曰而殺之所不請於君焚丹書者有如日乃出豹而閉之督戎從之踰隱而待之督戎踰入豹自後擊而殺之斐豹晉力士犯罪沒為官奴丹書以丹書其罪而汝也如日言不負約明如日也閉閉之門也從之將拒戰也隱短牆也范氏之徒在臺後欒氏乘公門宣子謂鞅曰矢及君屋死之鞅用劍以帥卒欒氏退攝車從之遇欒樂樂曰樂免之死將訟女於天樂射之不中又

注則乘槐本而覆或以戟鉤之斷肘而死欒魴傷欒盈奔曲沃晉人圍之摯後公臺之後乘登也死之致死力戰也鞅用短劍接敵欲用力以致死也攝引持也盖鞅先用短兵既勝方引車以逐之樂欒盈之族免之謂樂免已言我如不免而死將訟女於天不舍女罪也注屬矢于弦也其車轢於槐樹之根故覆魴亦欒盈族(射)音石(中)去聲(注)之住反(覆)音福○秋齊侯伐衛先驅穀榮御王孫揮召揚爲右申驅成秩御莒恒申鮮虞之傳摯爲右曹開御戎晏父戎爲右貳廣上之登御邢公盧蒲癸爲右啓牢成御襄罷師狼蘧疏爲右胠商子車御侯朝桓跳爲右大殿商子游御夏之御寇崔如爲右燭庸之越駟乘自衛將遂伐晉先驅前鋒軍名申驅次前軍名傳摯中鮮虞之子曹開爲公御晏父

戎爲公右中軍也貳廣公副車左翼曰啓右翼曰胠大殿後軍名駟乘四人共乘殿軍也齊納欒盈於曲沃知得罪於晉故將伐之杜預氏云傳詳其陳名將帥見莊公任勇力廢舊臣〔召〕音邵〔父〕音甫〔罷〕音皮〔殿〕音顛去

晏平仲曰。君恃勇力以伐盟主。若不濟。國之福也。不德而有功。憂必及君。不勝則恐懼而脩德有功則恃勝而矜驕○林堯叟氏曰自襄婁以來齊世從晉於是始叛則晉覇之衰而諸侯貳矣晉之衰諸侯之憂也 崔杼諫曰。不可。臣聞之。小國閒大國之敗而毀焉。必受其咎。君其圖之。弗聽。閒敗謂有欒氏之敗 陳文子見崔武子曰。將如君何。武子曰。吾言於君。君弗聽也。以爲盟主而利其難。羣臣若急。君於何有。子姑止之。文子陳完之孫須無武子崔杼也言他日晉討齊而有急我不能顧君欲殺之以說于晉也 文子退告其人曰。崔子將死乎。謂君甚而又過之。不得其死。過君以義。猶自抑也。況以惡乎。崔子謂君伐盟主爲甚而已欲弑君則其惡又過于君夫所行皆合于義猶自抑而止之不敢有過況以惡過君顯言於衆以是知必不得其死也齊侯遂伐晉。取朝歌。爲二隊。入孟門。登大行。張武軍於熒庭。戍郫邵。封少水。以報平陰之役。乃還。趙勝帥東陽之師以追之。獲晏氂。朝歌晉邑今北直隸濬縣有朝歌城二隊分師爲二部孟門晉隘道大行晉山名在今山西絳縣東武軍築壘壁以示勝也熒庭郫邵少水俱晉地戍取而守之封封晉尸以爲京觀平陰役在十八年趙勝趙旃子東陽晉地晏氂齊大夫大音泰郫音脾○愚按齊莊本意在伐晉而先伐衛以嘗之亦與齊桓侵蔡而後伐楚同意雖然討從楚者而後討強楚霸圖也伐從霸者而果于陵霸主禍作也春秋之書遂有褒貶二義焉八月。叔孫豹帥師救晉。次于雍榆。禮也。

○愚按魯君以救晉命師義舉也而其臣畏齊之強盤桓雍楡而不及于事故春秋先書救明君命也後書次罪叔孫也而左氏曰禮也何居或者曰左氏以救盟主爲禮非以次雍楡爲禮也 ○季武子無適子。公彌長而愛悼子。欲立之。公彌即公鉏悼子即紇皆武子庶子適丁歷反長上聲 訪於申豐曰。彌與紇吾皆愛之。欲擇才焉而立之。申豐趨退歸。盡室將行。他日又訪焉。對曰。其然。將具敝車而行。乃止。申豐季氏屬大夫難言立少故云欲擇才室家室也其然猶言必爾爾問而治行示以失常不敢與也止不立紇也 訪於臧紇。臧紇曰。飲我酒。吾爲子立之。季氏飲大夫酒。臧紇爲客。既獻。臧孫命北面重席。新樽絜之。召悼子。降逆之。大夫皆起。及旅。而召公鉏。使與之齒。季孫失色。紇即武仲大夫諸大夫客上賓也獻獻酒潔凈洗之降降階盖尊寵之以示立也旅獻酬禮畢而衆相酬也齒列也使從庶子之禮與諸大夫列等盖畀下之以示廢也季氏雖素愛悼子見頃易常分恐公鉏不從故失色〔飲〕〔爲〕俱去聲○家鉉翁氏曰季孫之納邾盜也臧紇所與言賞盜之說爲何如今乃以媚道自結於季孫亦何異於盜

季氏以公鉏爲馬正。慍而不出。閔子馬見之。曰子無然。禍福無門。唯人所召。爲人子者。患不孝。不患無所。敬共父命。何常之有。若能孝敬。富倍季氏可也。姦回不軌。禍倍下民可也。公鉏然之。敬共朝夕。恪居官次。公鉏弗得立故使爲家司馬慍含怒也子馬即馬父所位處也言禍福唯人自召廢置在父不可以常論女能孝敬以共父之命則父寵之富可過季氏所謂爲善以召福者此也若姦邪不守規度其禍或過于貧賤下民所謂爲惡以召禍者此也次舍也〔共〕音恭○愚按閔子馬論甚是然緣此謀富則非

季孫喜

使飲已酒。而以具往。盡舍旃。故公鉏氏富。又出爲公左宰。武子喜公鉏所爲使爲已設燕而以享燕之具往公鉏家遂悉以與之故公鉏氏富於悼子果如閔馬父之言旃之也語助公謂魯公舍音捨孟孫惡臧孫。季孫愛之。孟氏之御騶豐點好羯也。曰從余言。必爲孟孫。再三云。羯從之。孟莊子疾。豐點謂公鉏苟立羯。請讎臧氏。公鉏謂季孫曰。孺子秩固其所也。若羯立。則季氏信有力於臧氏矣。弗應。孟孫孟莊子季孫愛之以其成已志御騶掌馬之官羯孟莊子之次庶子孝伯也爲孟孫爲其後也請讎臧使孟氏與公鉏共憎臧孫也孺子秩孟莊子之長庶子公鉏言秩長固自當立若能立孟氏少子則我之有力過于臧氏之立紇矣公鉏識其父廢長立幼故季孫不能應惡好俱去聲○汪克寬氏曰魯自仲遂殺適立庶而季孫之臧紇廢彌而立紇孟孫之豐點廢秩而立羯叔孫之豎牛殺孟丙而立舍皆托廢立以擅其權而三桓微矣蓋由宣公之作俑於前也己卯。孟孫卒。公鉏奉羯立於戶側。季孫至。入哭而出。曰。秩焉在。公鉏曰。羯在此矣。季孫曰。孺子長。公鉏曰。何長之有。唯其才也。且夫子之命也。遂立羯。秩奔邾。禮大夫喪主人立于東方戶側鉏欲立羯故奉以立於其位羯在此言已立羯爲喪主也惟其才鉏譏其父欲擇才之言也夫子謂孟莊子公鉏誣以爲孟孫之遺命〔長上聲〕○汪克寬氏曰季孫自亂己之嫡庶復亂人之嫡庶又蔽罪臧紇而逐之紇固有罪宿之怨雖不度亦甚矣臧孫入哭甚哀。多涕。出。其御曰。孟孫之惡子也。而哀如是。季孫若死。其若之何。臧孫曰。季孫之愛我。疾疢也。孟孫之惡我。藥石也。美疢不如惡石。夫石猶生我。疢之美。其毒滋多。孟孫死。

吾亡無日矣。愛則縱欲長惡故云疢疾惡則拂情正欲故云藥石惡石指孟孫猶生我猶能愈我之病疢美指季孫毒滋多能爲我之害盖武仲發紇立紇不順于先見公鉏麋秩立羯知其有力禍將及已故有感而多益更正辭以答其御如此〔疢〕恥刃反○孫應鰲氏曰其其言曲盡然何以不能自解免于疢疾也孟氏閉門告於季孫曰。臧氏將爲亂。不使我葬。季孫不信。臧孫聞之戒。冬十月。孟氏將辟藉除於臧氏。臧孫使正夫助之除於東門。甲從己而視之。孟氏又告季孫。季孫怒命攻臧氏。乙亥。臧紇斬鹿門之關以出奔邾。羯既立乃與公鉏共讎臧氏謬爲閉門自守若禦臧氏亂者戒爲備也辟穿藏也藉除借人治葬道也正夫遂正也甲從以甲士從已視作者畏孟氏也季孫時已悔前廢立追怨紇故怒其甲逐之鹿門魯南城東門〔辟〕音避〔藉〕音借初臧宣叔娶于鑄。生賈及爲而娶。繼室以其姪。穆姜之姨子也。生紇。長於公宮。姜氏愛之。故立之。宣叔紇之父鑄國名其姪穆姜姨母之子與穆姜爲姨兄弟生紇長育于公宮故立爲宣叔嗣臧賈。臧爲。出在鑄。臧武仲自邾使告臧賈。且致大蔡焉。曰。紇不佞。失守宗祧。敢告不弔。紇之罪不及不祀。子以大蔡納請。其可。賈曰。是家之禍也。非子之過也。賈聞命矣。再拜受龜。使爲以納請。遂自爲也。賈爲本正室子不得立故出依舅氏大蔡大龜或云出蔡地因名不弔不爲天所恤也不及不祀自言罪輕應有後子謂賈納請以大蔡納魯請爲先人立後也其可可得立也自爲自請也祧他凋反自爲去聲臧孫如防。使來告曰。紇非能害也。知不足也。非敢私請。苟守先祀。無廢二勳。敢不辟邑。乃立臧爲。防臧氏私邑知不足謂使甲從己慮事淺也二勳謂文仲宣叔辟邑辟防邑而去(辟音避)○愚按紇之言曰先祀無廢敢不辟邑有如不允立後將遂不辟乎故孔子謂其要君臧紇致防而奔齊其人曰其盟我乎臧孫曰無辭將盟臧氏季孫召外史掌惡臣而問盟首焉對曰盟東門氏也曰毋或如東門遂不聽公命殺適立庶盟叔孫氏也曰毋或如叔孫僑如欲廢國常蕩覆公室季孫曰臧孫之罪皆不及此孟椒曰盍以其犯門斬關季孫用之乃盟臧氏曰無或如臧孫紇干國之紀犯門斬關臧孫聞之曰國有人焉誰居其孟椒乎其人防邑之人凡奔亾之臣本國必陳其罪惡盟諸大夫以爲戒故防邑之人疑而問之武仲以廢長立少季孫所忌故謂無辭惡臣謂奔亾者外史掌之盟首載

書之章首前文公命立子惡公子遂殺之立宣公事在宣十八年叔孫僑如譖成公與季孟于晉廢壞國之典章事在成十六年孟椒孟獻子之孫子服惠伯也言何不以其犯鹿門之禁斬關以出之罪而盟之干犯也居語助臧孫心服盟已之言嘆國之有人又揣知其爲椒皆知也居音基○晉人克欒盈于曲沃盡殺欒氏之族黨欒魴出奔宋書曰晉人殺欒盈不言大夫言自外也傳例得雋曰克不言大夫以盈自外犯君而入非復晉大夫也○愚按經不書大夫以盈稱兵犯國非其大夫也與後鄭良霄例同而左氏曰言自外也恐非其意○齊侯還自晉不入遂襲莒門于且于傷股而退明日將復戰期于壽舒杞殖華還載甲夜入且于之隧宿于莒郊明日先遇莒子於蒲侯氏莒子重賂之使無死曰請有盟華周對曰貪貨棄命亦君所

惡也、昏而受命。日未中而棄之。何以事君。莒子親鼓之。從而伐之。獲杞梁。莒人行成（且于莒邑期與杞相期壽舒莒地杞殖華還齊大夫先載甲而出隧狹路也蒲侯氏近莒之邑有盟欲以盟要二子無死戰也華周即華還君謂莒君莒君怒其不從故親鼓而從伐杞梁即杞殖莒以小勝大故懼而行成【且】子餘反【華】胡化反○汪克寬氏曰齊莊以千乘之君輕行襲莒身傷臣獲此君子所以貴乎正也）齊侯歸。遇杞梁之妻於郊、使弔之。辭曰。殖之有罪。何辱命焉。若免於罪。猶有先人之敝廬在。下妾不得與郊弔。齊侯弔諸其室（殖妻迎喪故遇齊侯下猶賤也敝廬在言當在室之喪位也婦人無外事故云不得與郊弔杜預氏云傳善婦人有禮【與】音預）○附錄

齊侯將爲臧紇田。臧孫聞之。見齊侯。與之言伐晉。對曰。多則多矣。抑君似鼠。夫鼠晝伏

夜動。不宄於寢廟。畏人故也。今君聞晉之亂而後作焉。寧將事之。非鼠如何。乃弗與田。爲田與之邑言伐晉自誇其功也戩功曰多上多字戰功也下多字多少也晉亂而起兵猶鼠之夜動也晉寧將事之猶鼠之晝伏也葢武仲知齊侯將敗不欲受邑故以比鼠使怒而止以辟其禍見音現絕句仲尼曰。知之難也。有臧武仲之知而不容於魯國。抑有由也。作不順而施不恕也。夏書曰。念茲在茲。順事恕施也。武仲阿季氏廢長立少是作不順惡孟氏立庶是施不恕夏書大禹謨篇茲此也言行此事當常念如在已身此正順事恕施之謂

【經】壬子二十有四年。杞文公元年春。叔孫豹如晉。賀克欒氏○仲孫羯帥師侵齊。○夏。楚子伐吳。○秋。七月。甲子朔。日

有食之既。無傳○齊崔杼帥師伐莒。○大水。無傳○八月癸巳朔日有食之。無傳○公會晉侯宋公衛侯鄭伯曹伯莒子邾子滕子薛伯杞伯小邾子于夷儀。夷儀本邢地衛滅邢遂爲衛邑汪克寬氏云晉會諸侯欲伐齊而不能伐故書會而不書伐以著其大合十二國之君而無所事也○冬楚子蔡侯陳侯許男伐鄭。加楚子于三國之上以主兵故亦以惡三國也○公至自會。無傳諸侯救鄭不書故以會致○陳鍼宜咎出奔楚。宜咎陳鍼子八世孫鍼其廉反○叔孫豹如京師○大饑。無傳

傳二十四年春穆叔如晉范宣子逆之問焉曰古人有言曰死而不朽何謂也穆叔未對。不朽死而名存也宣子曰昔匄之祖自虞以上爲陶唐氏在夏爲御龍氏在

商爲豕韋氏，在周爲唐杜氏，晉主夏盟爲范氏，其是之謂乎。虞以上謂舜之前。陶唐氏，堯之號。御龍氏，劉累也，能擾龍。豕韋，商之覇國。唐杜，二國，武王所封。杜伯之子隰叔奔晉，四世及士會，食邑于范，遂爲范氏，佐晉主盟中夏。士匄自誇其先更歷虞夏商周至晉，世爲興家，可當久而不朽之義。穆叔曰：以豹所聞，此之謂世祿，非不朽也。魯有先大夫曰臧文仲，既沒，其言立，其是之謂乎。豹聞之，大上有立德，其次有立功，其次有立言，雖久不廢，此之謂不朽。若夫保姓受氏，以守宗祊，世不絕祀，無國無之，祿之大者，不可謂不朽。文仲即臧孫辰。立，樹立，不磨也。大上謂上聖之德，如黃帝、堯、舜。其次立功，如禹、稷。又其次立言，如史佚、周任、臧文仲。保姓，保其始祖之姓。受氏，氏受其先代之氏。祊，廟門。杜預氏云：傳善穆叔之知言。大音泰。祊音崩。○附錄范宣子爲政，諸侯之幣重，鄭人病之。二月，鄭伯如晉。時子西相鄭伯如晉子產寓書於子西，以告宣子，曰：子爲晉國，四鄰諸侯不聞令德，而聞重幣，僑也惑之。僑聞君子長國家者，非無賄之患，而無令名之難。寓寄也子產以冀宣子能受言故寄書責之長上聲夫諸侯之賄聚於公室，則諸侯貳；若吾子賴之，則晉國貳。諸侯貳，則晉國壞；晉國貳，則子之家壞。何沒沒也！將焉用賄？貳離也賴恃用之也何沒沒言何沈溺於利而不能自悟也此言賄之禍明土非無賄之患沒音昧夫令名，德之輿也；德，國家之基也。有基無壞，無亦是務乎！有德則樂，樂則能久。詩云：樂旨君子，邦家之基。有令德也夫！上帝臨女，無貳爾心。有令名也夫。輿車基本也令聲載德以遠聞故謂之輿羨德殖國家以久立故謂之基詩小雅南山有臺篇言君子有德可樂爲邦家之基所以濟令德也又大雅大明篇言武王爲天所臨不敢懷貳心所以濟令名也此言德之益明上無令名之難〔樂〕音洛〔女〕音汝恕思以明德則令名載而行之是以遠至邇安。言能以恕爲思而自明其德則自然有令名以爲之輿而載是德以行所以遠至近安爲國家之基此申言德之益毋寧使人謂子子實生我而謂子浚我以生乎。象有齒以焚其身賄也。毋寧寧也浚取之深也言寧使人謂子散財生我不可使人謂子取我財以自生辟如象爲齒所累以殺其身以其齒之有賄故也此申言賄之禍宣子說。乃輕幣。〔說〕音悅是行也。鄭伯朝晉爲重幣故。且請伐陳也。鄭伯稽首。宣子辭。子西相。曰。以陳國之介恃大國。而陵虐於敝邑。寡君

是以請罪焉。敢不稽首。介因也大國楚也請罪請歸罪於陳之故敢不稽首請伐陳也杜預氏云爲明年鄭入陳傳

○孟孝伯侵齊。晉故也。孟孝伯卽仲孫羯前年齊伐晉故復爲晉報侵○愚按當齊伐晉魯旣不能致力以救旣退而復侵之何益于晉哉君子是以知其爲文具也

○夏楚子爲舟師以伐吳。不爲軍政。無功而還。舟師水軍軍政嚴設賞罰也杜預氏云爲下吳召舒鳩起本○趙鵬飛氏曰楚怨吳之與晉雖其不交者已十年而楚至是凡三伐吳

○附錄齊侯旣伐晉而懼。將欲見楚子。楚子使薳啓彊如齊聘。且請期。齊社蒐軍實。使客觀之。陳文子曰。齊將有寇。吾聞之。兵不戢。必取其族。欲見楚子共謀晉也期會期社社祭齊舉社祭因閱數軍器使啓彊觀之以誇其盛文子卽陳須無戢藏族類也取其族還自害也○愚按崔杼爲無君之言文子旣與知之齊將有寇文子又逆知之乃不能匡

君闕失陰折姦宄之萌而徒低囬竊語坐觀其釁國家曾何恃于有若人哉彼其掮十乘之馬守百車之木恃躡牆自好者流爾○秋。齊侯聞將有晉師。使陳無宇從薳啓彊如楚辭。且乞師。崔杼帥師送之。遂伐莒。侵介根。無宇陳須無之子齊大夫晉師即下夷儀之師辭謂有晉師未能會也介根莒邑今山東膠州有介根城前年齊既與莒平因師出遂侵之見無信也○會于夷儀。將以伐齊。水不克。晉將伐齊以報前年之伐爲水所阻○趙鵬飛氏曰楚未嘗一日忘鄭特觀中國之釁爾今晉不能和諸侯以制楚而乃摟諸侯以伐齊且勝齊孰與愈於勝楚哉夷儀之會無補於齊徒爲鄭招寇也○冬。楚子伐鄭以救齊。門于東門。次于棘澤。楚以無宇乞師之故因伐鄭以救齊諸侯還救鄭。晉侯使張骼輔躒致楚師。求御于鄭。鄭人卜宛射犬吉。子大叔戒之曰。大國之人不

可與也。對曰。無有衆寡。其上一也。大叔曰。不然。部婁

無松柏。諸侯卽夷儀諸侯張骼輔躒皆晉大夫致師挑戰也欲得鄭人御以其知地利也射犬鄭之公孫子大叔卽游吉大國人謂骼躒不可與言當卑下之上上位也一猶等也言國無大小已在上位當與之等部婁小阜松柏大樹喻小雖以容大言不得同與之等骼音格躒音歷大音泰部蒲口反婁路口反○李廉氏曰自蕭魚之後楚兵再至鄭而無功則以悼公之餘澤也二子在幄坐射

犬于外。既食而後食之。使御廣車而行。已皆乘乘車。

將及楚師。而後從之乘。皆踞轉而鼓琴。近。不告而馳

之。皆取胄於橐而胄。入壘。皆下。搏人以投。收禽挾囚。

弗待而出。皆超乘。抽弓而射。既免。復踞轉而鼓琴。曰。

公孫同乘。兄弟也。胡再不謀。對曰。曩者志入而已。今

則怯也。皆笑曰。公孫之亟也。二子即幹蹻坐外後食皆輕之也廣車兵車乘車安車踞坐其上也轉衣裝也二子皆乘安車將近楚師而後同射犬乘兵車皆箕踞衣裝而鼓琴以示閒暇既近楚壘射犬恨二子不告而馳使爲楚獲胄兜鍪也二子皆取胄於櫜中而加于首入楚壘二子皆下車手搏楚人以投其車禽獲也收其禽謂囚者挾其囚謂生者射犬又不待而出欲遺楚禽之於是二子皆超乘而抽弓以射楚人既脫歸復踞轉鼓琴如初以示閒暇公孫謂射犬兄弟謂義如兄弟不謀即不告而馳不待而出志入言志於入敵所以不告而馳怯言怯於攻敵所以不待而出皆餙辭也亟急也性急不受屈也〔後〕食音嗣〔乘〕乘上如字下去聲〔轉〕專去〔射〕音石

楚子自棘澤還。使薳啓彊帥師送陳無宇。楚既爲齊伐鄭復使送其使臣杜預氏云傳言齊楚固相結

○附錄

吳人爲楚舟師之役故。召舒鳩人。舒鳩人叛楚。楚子師于荒浦。使沈尹壽與師祁犂讓之。舒鳩子

敬逆二子而告無之。且請受盟。舟軍之役在此年夏舒鳩楚屬國吳召之欲與共伐楚荒浦舒鳩地沈尹壽師祁犂皆楚大夫無之言無叛楚之事爲去聲二子復命。王欲伐之。薳子曰。不可。彼告不叛。且請受盟。而又伐之。伐無罪也。姑歸息民。以待其卒。卒而不貳。吾又何求。若猶叛我。無辭有庸。乃還。薳子卽子馮卒終也無辭言彼無辭有庸言我有功杜預氏云爲明年楚滅舒鳩傳○陳人復討慶氏之黨。鍼宜咎出奔楚。言宜咎慶氏黨經所以稱名惡之○季本氏曰左氏以爲討慶氏之黨則二慶者楚人所惡而陳殺之者也宜咎豈敢復奔楚乎蓋爲公子黃所傾而奔愬于楚耳○齊人城郟。穆叔如周聘。且賀城。王嘉其有禮也。賜之大路。郟王城也是時穀洛鬭毀王宮齊因叛晉欲求媚于天子故爲王城之大路天子所賜車之摠名杜預氏云爲昭四年叔孫以

所賜路葬張本○張洽氏曰自宣九年仲孫蔑如京師其後五十餘年乃始有叔孫豹之聘盖自是不聘王矣○附録

晉侯嬖程鄭使佐下軍。鄭行人公孫揮如晉聘。程鄭問焉。曰。敢問降階何由。子羽不能對。歸以語然明。然明曰。是將死矣。不然將亾。貴而知懼。懼而思降。乃得其階。下人而已。又何問焉。且夫既登而求降階者。知人也。不在程鄭。其有亾釁乎。不然其有惑疾。將死而憂也。

程鄭晉大夫禪郎子羽階俗位等級也然明鬷蔑也言人貴顯而知恐懼則必思自屈下以保其位不過謙抑以下於人而已此理乃知何待問人且夫人既登貴位而求自屈下者唯知者能之不當在程鄭嬖幸之人其必有懼禍奔亾之釁乎不然則有迷惑之疾將死而憂也杜預氏云為明年程鄭卒張本○知音智

春秋左傳註評卷之三十八終

春秋左傳註評測義卷之三十九

明吳興後學夌稚隆輯著

襄公八

【經】癸丑二十有五年。春。齊崔杼帥師伐我北鄙。○夏。五月。乙亥。齊崔杼弒其君光。○公會晉侯。宋公。衛侯。鄭伯。曹伯。莒子。邾子。滕子。薛伯。杞伯。小邾子。于夷儀。○六月。壬子。鄭公孫舍之帥師入陳。○秋。八月。己巳。諸侯同盟于重丘。即夷儀之諸侯重丘齊地今山東茌平縣有重丘城○公至自會。無傳○衛侯入于夷儀。書入自外而入之辭非國逆之例○楚屈建帥師滅舒鳩。杜預氏云傳在衛侯入夷儀上經在下從告○冬。鄭公孫夏

帥師伐陳。○十有二月。吳子遏伐楚。門于巢。卒。遏即諸樊

【傳】二十五年春。齊崔杼帥師伐我北鄙。以報孝伯之師也。前年魯使孟孝伯爲晉伐齊公患之。使告于晉。孟公綽曰。崔子將有大志。不在病我。必速歸。何患焉。其來也不寇。使民不嚴。異於他日。齊師徒歸。孟公綽魯大夫大志謂弑君不寇不爲害也不嚴欲得民也○按約言氏曰崔子有大志魯臣且知之而齊莊不寤人將戕其躬之不恤而尚貪伐魯以爲功豈非利令智昏哉○齊棠公之妻。東郭偃之娣也。東郭偃臣崔武子。棠公死。偃御武子以弔焉。見棠姜而美之。使偃取之。偃曰。男女辨姓。今君出自丁。臣出自桓。不可。棠公齊棠邑大夫東郭偃爲崔杼家臣取爲己妻也古者娶妻不娶同姓故男辨姓齊丁公崔

杼祖齊桓公東郭偃祖同姜姓故不可爲昏[取]如字武子筮之遇困䷮之大過䷛史皆曰吉示陳文子文子曰夫從風風隕妻不可娶也且其繇曰困于石據于蒺蔾入于其宮不見其妻凶困于石往不濟也據于蒺蔾所恃傷也入于其宮不見其妻凶無所歸也坎下兌上困此正卦巽下兌上大過此之卦困六三變爲大過皆曰吉阿崔子意也坎爲中男故云夫變而爲巽故云從風風能隕落物者變而隕落故云隕妻困于石四句困六三爻辭下皆解其意坎爲險爲水水之險者石石不可以動故往不濟又坎爲險爲澤澤之生物而險者蒺蔾蒺蔾不可以據故恃之則傷易曰非所困而困名必辱非所據而據身必危既辱且危死期將至妻不可得而見矣今十昏而遇此卦六三失位無應則喪其妻故云失其所歸[繇]音胄崔子曰嫠也何害先夫當之矣遂取之莊公通

焉。騶如崔氏。以崔子之冠賜人。侍者曰。不可。公曰。不爲崔子。其無冠乎。寡婦曰嫠先夫謂棠公言棠公已當此凶騶數也侍者恐揚其穢故諫。公言雖不爲崔子自應有冠戲慢之也崔子因是。又以其閒伐晉也。曰。晉必將報。欲弒公以說于晉而不獲。閒公鞭侍人賈舉。而又近之。乃爲崔子閒公。夏五月。莒爲且于之役故。莒子朝于齊。甲戌。饗諸北郭。崔子稱疾。不視事。乙亥。公問崔子。遂從姜氏。姜入于室。與崔子自側戶出。公拊楹而歌。侍人賈舉止衆從者。而入閉門。甲興。公登臺而請。弗許。請盟。弗許。請自刃於廟。弗許。皆曰。君之臣杼疾病。不能聽命。近於公宮。陪臣干掫有淫者。

不知二命。公踰牆。又射之。中股。反隊。遂弒之。崔子以彼辱之故怒公又閒晉之難而伐之以激晉人之報我因欲弒莊公以解說于晉而不得閒隙且千之役在二十三年稱疾誘公來問也拊楹柱也拍柱而歌以命姜氏也重言侍人別下賈舉也請請免死也自刃於廟還廟自殺也命謂公命以行夜警備也陪臣衆自稱干掫行夜也言扞疾不能聽命行夜扞之家近於公宮尤當警備故陪臣代扞行夜之職得淫者受扞命討之不知他命〔說〕如字〔且〕音疽〔拊〕芳甫反〔干〕音扞〔掫〕音鄒〔射〕音石〔隊〕音墜

賈舉。州綽。邴師。公孫敖。封具。鐸父。襄伊。僂堙。皆死。祝佗父祭於高唐。至復命。不說弁而死於崔氏。申蒯侍漁者。退謂其宰曰。爾以帑免。我將死。其宰曰。免。是反子之義也。與之皆死。崔氏殺鬷蔑于平陰。此賈舉非侍人賈舉也以下八人皆勇士爲公所嬖者與公共死祝佗父亦嬖臣高唐有齊別廟故

祭之弁爵弁祭服也申蒯亦嬖臣侍漁監取魚之官帑宰之妻子義死君之義鬷蔑平陰大夫公之外嬖杜預氏云傳言莊公所養非國士故其死難皆嬖寵之人僂力侯反殳音甫說音悅晏子立於崔氏之門外其人曰死乎曰獨吾君也乎哉吾死也曰行乎曰吾罪也乎哉吾亡也曰歸乎曰君死安歸君民者豈以陵民社稷是主臣君者豈爲其口實社稷是養故君爲社稷死則死之爲社稷亡則亡之若爲己死而爲己亡非其私暱誰敢任之且人有君而弑之吾焉得死之而焉得亡之將庸何歸門啓而入枕尸股而哭興三踊而出人謂崔子必殺之崔子曰民之望也舍之得民人從人也晏子聞難而來言己非君所嬖故不宜死己無罪故

不宜亾君既死故不宜歸葢君不徒居民上臣不徒爲祿計皆爲社稷故君爲社稷死亾則臣死亾之若君爲己私而死亾苟非平日嬖幸之人誰敢當此死亾之任者晏子意以己非正卿而公之待臣無異衆臣故不得死其難枕尸股以君尸枕己股上也興起舍置也○陸粲氏曰衛州吁弑君而自立石碏既老猶告於陳以誅之陳恒弑簡公仲尼在魯三日齋而請伐齊嬰也苟知此義則何死與亾之足言○孫應鰲氏曰晏子不避君難忠矣以崔子之大惡猶知舍晏子以從民望

盧蒲癸奔晉。王何奔莒。二子皆莊公黨杜預氏云爲二十八年殺慶舍張本

叔孫宣伯之在齊也。叔孫還納其女於靈公。嬖生景公。丁丑。崔杼立而相之。慶封爲左相。盟國人於大宮。曰。所不與崔慶者。晏子仰天嘆曰。嬰所不唯忠於君。利社稷者是與。有如上帝。乃歃。辛巳。公與大夫及莒子盟。宣伯即魯叔孫僑如成十八年

奔齊叔孫還齊胥羣公子納宣伯之女於靈公景公莊公之弟慶封崔杼之黨恐國人討己故爲盟大宮大公廟其盟書云國人所不與崔慶者有如上帝讀書未終晏子更易其辭意謂崔慶若不忠于君不利社稷吾不敢與也莒子朝齊遇難未歸故景公復與之盟一本崔慶者下有有如此盟四字此後人妄加也

[大]音泰 大史書曰崔杼弒其君崔子殺之其弟嗣書而死者二人其弟又書乃舍之南史氏聞大史盡死執簡以往聞既書矣乃還 嗣續也南史氏齊史之在外者古之書者必以汗青之簡故執簡而往以書其罪杜預氏云傳言齊有直史崔杼之罪所以聞[大]音泰

閭丘嬰以帷縛其妻而載之與申鮮虞乘而出鮮虞推而下之曰君昏不能匡危不能救死不能死而知匿其暱其誰納之行及弇中將舍嬰曰崔慶其追我鮮虞曰一與

一誰能懼我遂舍枕轡而寢食馬而食駕而行出弇中謂嬰曰速驅之崔慶之衆不可當也遂來奔嬰鮮虞俱莊公嬖臣嬰將出奔故以帷幙自縛其妻而載之下下嬰妻也君謂莊公居藏匿親也弇中狹道舍止也一一人也言弇中道狹一人與一人戰雖衆無所用也枕轡而寢恐失馬也速驅之以道廣衆得用也[鮮]音仙[推]如字[食]馬音嗣崔氏側莊公于北郭丁亥葬諸士孫之里四翣不蹕下車七乘不以兵甲側瘞埋也于北郭見不殯于廟也士孫人姓因名其里莊公死十三日便葬不待五月喪車之飾天子八翣諸侯六翣大夫四翣不蹕不止行人也下車送葬之車齊舊上公禮九乘又有甲兵皆降損不成禮以葬也[翣]所甲反○晉侯濟自泮會于夷儀伐齊以報朝歌之役齊人以莊公說使隰鉏請成慶封如師男女以班賂晉侯以宗器樂

器。自六正五吏三十帥三軍之大夫百官之正長師旅及處守者皆有賂。泮水名地闕朝歌役在二十三年說解說也齊人歸罪莊公以解于晉即上文所云欲弑公以說于晉也班別也男女分別示恐懼服罪也哀元年蔡人男女以班與此同宗器宗廟之器樂器鐘磬之屬六正三軍之六卿五吏文職三十帥武職百官正長羣有司之長官也師旅小將帥也處守守國之臣皆有賂皆有貨財賂之非盡以男女爲賂也杜預氏云齊人逆服兵不加故不書伐齊慶封獨使于晉不通諸侯故不書如師説如字長上聲晉侯許之。使叔向告於諸侯。公使子服惠伯對曰。君舍有罪。以靖小國。君之惠也。寡君聞命矣。告諸侯告齊服也子服惠伯即孟椒杜預氏云平公受賂而還經不譏者齊有喪師自宜退也

○附錄

晉侯使魏舒宛沒逆衛侯。將使衛與之夷儀。崔子止其帑以求五鹿。魏舒宛沒皆晉大夫晉平

（公愍衛獻公失國使二子迎于齊將使衛殤入公與之夷儀之邑以居之崔杼欲得衛五鹿之地故留衛獻妻子於齊）○初陳侯會楚子伐鄭當陳隧者井堙木刊鄭人怨之六月鄭子展子產帥車七百乘伐陳宵突陳城遂入之（前年楚子伐鄭東門陳蔡許皆從而陳獨肆暴故鄭報之襲入其國隧徑堙塞刊除突穿也）陳侯扶其大子偃師奔墓遇司馬桓子曰載余曰將巡城遇賈獲載其母妻下之而授公車公曰舍而母辭曰不祥與其妻扶其母以奔墓亦免（桓子不欲載公故以巡城辭賈獲陳大夫舍置而汝也賈獲雖急猶不欲男女無別故辭曰不祥○邵寶氏曰舍而母將不可兩全乎全于身而戲于禮君子不謂全也臣而押君女而賣男非禮也雖顛沛其敢違之獲之對不曰非禮而曰不祥何居禮者履也舍履而言祥急遽而欲人之易信也如是哉○愚按甚矣獲所遭之不

牽也顧其母則遺其君奉其君則困其母故獲以車授公而已與妻扶其母以奔亦可謂善處君親之間矣雖然竊有惑焉婦人而老力不可徒避難而奔勢不可緩有如猝遇鄭師公車可牽而脫矣其何以脫老母於徒行哉則不若附載其母於公車之側而已與妻隨車以奔庶幾其可兩全而亦不可謂非祥也

子展命師無入公宮。與子產親御諸門。陳侯使司馬桓子賂以宗器。陳侯免擁社。使其衆男女別而纍以待於朝。子展執縶而見再拜稽首。承飲而進獻。子美入數俘而出。祝祓社。司徒致民。司馬致節。司空致地。乃還。御禁止侵掠也門宮門免喪服示哀戚也擁社擁抱社主示降服也別分別也纍自係待命也縶馬韁也執縶稽首進獻皆以修臣禮也子美子產別字數俘數其所獲之俘不以歸也祓除不祥也節兵符也陳亂故令陳之司徒招致民人司馬進致符節司空檢致土地使各依其舊〔御〕音禦〔免〕音問〔祓〕音弗○高閌氏曰左氏所載入人之國未有若子展子産之有禮者故春秋無貶詞○秋七月己巳同盟于重丘齊成故也重丘之盟合諸侯將以討齊乃受賂許之成故書同盟○附録趙文子爲政令薄諸侯之幣而重其禮穆叔見之謂穆叔曰自今以往兵其少弭矣齊崔慶新得政將求善於諸侯武也知楚令尹若敬行其禮道之以文辭以請諸侯兵可以弭文子即趙武幣本晉者禮晉禮之弭止也知相知也楚令尹屈建也孔穎達氏云下文始言屈建爲令尹者因伐舒鳩而追序之杜預氏云爲二十七年晉楚盟于宋傳道音導○楚薳子馮卒屈建爲令尹屈蕩爲莫敖屈建屈到之子子木也宣十二年楚有屈蕩屈建之祖父今此屈蕩外名與之同舒鳩人卒叛楚令尹子木伐之及離城吳人救之子木遽

以右師先。子彊、息桓、子捷、子駢、子盂帥左師以退。吳人居其間七日。前年舒鳩辭不叛，今卒叛楚。離城，舒鳩城名。先先至舒鳩下，子彊等五人不及木子，與吳相遇而退，故吳居楚兩軍之間。子彊曰：久將墊隘。隘乃禽也。不如速戰。請以其私卒誘之，簡師陳以待我。我克則進。奔則亦視之。乃可以免。不然。必爲吳禽。從之。墊隘，慮水雨也。簡閱精兵也。駐後爲陳以待我師。我師若勝則進與合戰；若奔則視利便而救應也。墊音玷。陳音陣。五人以其私卒先擊吳師。吳師奔。登山以望。見楚師不繼。復逐之。傅諸其軍。簡師會之。吳師大敗。遂圍舒鳩。舒鳩潰。八月。楚滅舒鳩。吳還逐五人至其本軍，楚人先所簡閱精兵爲陳者會合而擊之，故吳敗。遂前及子木共圍舒鳩而滅之。傅音附。○衛獻公入于夷儀。

杜預氏云爲下自叓
儀與甯喜言張本〇鄭子産獻捷于晉。戎服將事。子産數俘而出不將以歸故獻入陳之功
而不獻其俘戎服軍旅之衣異於朝服晉人問陳之罪。對曰。昔虞閼父爲周陶正。以服事我先王。我先王賴其利器用也。與其神明之後也。庸以元女大姬配胡公。而封諸陳。以備三恪。則我周之自出。至于今是賴。桓公之亂。蔡人欲立其出。我先君莊公奉五父而立之。蔡人殺之。我又與蔡人奉戴厲公。至於莊宣。皆我之自立。夏氏之亂。成公播蕩。又我之自入。君所知也。閼父舜之後爲周陶冶官先王謂周武王舜大
聖故稱神明庸用也元女武王長女胡公閼父之子滿也恪敬也周封杞宋乃夏商之後今又封舜
後于陳故謂三恪陳乃周之甥故云我周自出桓五

年陳桓公卒陳國亂厲公桓公之子蔡甥也故蔡人欲立五父卽陳佗桓公弟殺大子免而代之鄭莊公因定其位桓六年蔡人殺陳佗我鄭與蔡人立厲公而奉事之戴猶事也陳莊公宣公皆厲公子又我之自立宣十一年夏徵舒弑陳靈公成公奔晉又因鄭而入播蕩流離失所也〔大〕音泰〔父〕音甫

今陳忘周之大德。蔑我大惠。弃我姻親。介恃楚衆。以憑陵我敝邑。不可億逞。我是以有往年之告。未獲成命。則有我東門之役。當陳隧者。井堙木刊。敝邑大懼不競。而耻大姬。天誘其衷。啓敝邑心。陳知其罪。授手于我。用敢獻功。大德謂胡公之後皆周之所自出大惠謂五父以後皆鄭之所自立姻親謂陳婚姻之好介因也億度逞快也言欲快志于鄭者不可數計往年鄭伯稽首告晉請伐陳未獲晉之成命會陳從楚伐我東門兢強也鄭與周同姓故恐上辱大姬之靈衷中啓開也開道其心故得勝授手于我謂喪服擁社使其衆自囚請服也晉人曰。何故侵小。對曰。先王之命。唯罪所在。各致其辟。且昔天子之地一圻。列國一同。自是以衰。今大國多數圻矣。若無侵小。何以至焉。辟法也方千里曰圻方百里曰同衰差降也謂次國七十里小國五十里數圻數倍于天子之圻〔辟〕音闢〔圻〕音祈晉人曰。何故戎服。對曰。我先君武莊爲平桓卿士。城濮之役。文公布命曰。各復舊職。命我文公戎服輔王。以授楚捷。不敢廢王命故也。武莊鄭二公平桓周二王城濮之役在僖二十八年文公晉文公也我文公鄭文公也楚捷謂勝楚之捷不敢廢城濮之命所以今日戎服將事士莊伯不能詰。復於趙文子。文子曰。其辭順。犯順不祥。乃受之。士莊伯士弱也子產善於辭命故莊伯不能詰時趙武將中軍○王樵氏曰子產對晉之辭皆強爲文飾不類其平日之言恐傳者傅會之過也陳侯鮏卒而陳亂公子佗殺大子免而代之然則五父簒殺爾鄭莊公奉而立之是助簒賊也其又可以爲功乎征伐之權出于天子而以惟罪所在各致其辟爲先王之命何其無忌憚也大國之地多數圻矣信非侵小不至然則皆欲效之可乎又鄭文公戎服輔王以授楚捷而子産今以將事于晉是以王事晉也乃自謂不敢廢王命不亦重誣乎左氏謂士莊伯不能詰非不能詰也是時晉政偷矣志於合和南北以苟無事非復昔者同外楚之心故於鄭之伐陳聽其所爲而已

冬。十月。子展相鄭伯如晉。拜陳之功。子西復伐陳。陳及鄭平。拜功謝晉受其獻功也前雖入陳服之而還然未得成也故使子西再伐之以取其成(相)去聲

仲尼曰。志有之。言以足志。文以足言。不言。誰知其志。言之無文。行而不遠。晉爲伯。鄭入陳。非文辭不爲功。慎辭哉。志古書足猶成也行而不遠雖行其言不能及遠也文辭爲功謂鄭

入陳有辭方免晉討非與其興兵結怨也○趙汸氏曰按鄭辭令之美孔子嘗稱之若論語所記是也若傳稱仲尼云云者未必皆一時之言不言誰知其志者亦未必真聖人所述也○附錄楚蔿掩爲司馬子木使庀賦數甲兵甲午蔿掩書土田度山林鳩藪澤辨京陵表淳鹵數疆潦規偃豬町原防牧隰皐井衍沃量入脩賦賦車籍馬賦車兵徒兵甲楯之數既成以授子木禮也蔿掩子馮之子庀治也賦賦車馬數閱而數之也書土田以土田之所宜修爲減書也度山林量度山林以共國用也鳩聚也聚其財物入之王府若周官澤虞之職辨別也絕高曰京大阜曰陵別之以爲冢葬之地淳鹵埆薄之地表之以輕其賦稅疆界有水潦者計數減其租入偃豬下濕之地規度其受水多少使田中之水注之廣平曰原防隄也隄防閒地不得方正如井田別爲小頃町隰皐水厓下濕不任耕作使爲芻牧之地衍沃平美之地則制爲井田賦與籍

皆稅也車兵甲士徒兵步卒甲胄干楯之屬成書成也禮謂治國之禮杜預氏云傳言楚之所以興(興)音泌(度)音鐸(鹵)音魯(偃)音堰(町)音庭(量)音亮◯十二月。吳子諸樊伐楚以報舟師之役。門于巢。巢牛臣曰。吳王勇而輕。若啓之。將親門。我獲射之。必殪。是君也死。疆其少安。從之。吳子門焉。牛臣隱於短牆以射之。卒。舟師役在二十四年巢小國牛臣巢人啓開門也親門親來攻門殪死疆埸也(射)音石(殪)衣去◯附錄楚子以滅舒鳩賞子木。辭曰。先大夫蔿子之功也。以與蔿掩。往年楚子將伐舒鳩蔿子馮請退師以須其叛楚子從之卒獲舒鳩故子木辭功而以其賞與其子掩◯附錄晉程鄭卒。子產始知然明。問爲政焉。對曰。視民如子。見不仁者誅之。如鷹鸇之逐鳥雀也。子產喜。以語子大叔。且曰。他日吾見蔑之面而已。今吾見其心矣。前年然明料程鄭必亾其言果驗故子產始知其賢蔑然明名語去聲大音泰○陸粲氏曰程鄭降階之問未爲大失蔑也何用遽知其亾亾耶其語雖幸而中君子未之或稱而子產顧以是取之過矣 子大叔問政於子產。子產曰。政如農功。日夜思之。思其始而成其終。朝夕而行之。行無越思。如農之有畔。其過鮮矣。無越思不違其所思也畔有次序也○衛獻公自夷儀使與甯喜言。甯喜許之。大叔文子聞之。曰。烏乎。詩所謂我躬不說。皇恤我後者。甯子可謂不恤其後矣。將可乎哉。殆必不可。君子之行。思其終也。思其復也。書曰。慎始而敬終。終以不困。詩曰。夙夜匪解。以事一人。今甯子視君不如弈棋。其何以免乎。弈者舉棋不定。不勝其耦。而况置君而弗定乎。必不免矣。九世之卿族。一舉而滅之。可哀也哉。甯喜悼子也獻公出奔聞甯氏父子語故使與言求復國文子大叔儀也詩小雅小弁篇皇暇也言我不能自容恤何暇念及其後蓋謂悼子必身受禍不得恤其後也思其終思其事之有終思其復思其事之復行書周書蔡仲之命其辭與今文少異詩大雅烝民篇一人謂君弈圍棋也甯氏出自衛武公至悼子凡九世明年甯喜納獻公三十七年獻公果殺甯喜趙防氏云傳記大叔儀之言及後蘧伯玉去國見甯氏廢立賢臣皆不與【說】音悅【解】佳賣反

春秋左傳註評測義卷之三十九終

春秋左傳註評測義卷之四十

明吳興後學凌稚隆輯著

襄公九

【傳】附錄 會于夷儀之歲。齊人城郟。會夷儀在二十四年 其五月秦晉爲成。晉韓起如秦涖盟。秦伯車如晉涖盟。成而不結。自十四年十三年國會秦秦晉不平至今年始爲平伯車秦伯之弟名鍼不結不結固也杜預氏云傳爲後年脩成起本當繼前年之末而特䟦此者傳寫失之

【經】甲寅 二十有六年。齊景公吳子餘祭元年 春王二月辛卯。衛甯喜弒其君剽。○衛孫林父入于戚以叛。○高閌氏曰前此大夫有不利於己則奔而已未有若林父之叛者故書叛自林父始 ○甲午。衛侯衎復歸

于衛復歸于衛未絶也書名著其不足以有國○夏晉侯使荀吳來聘吳荀偃子也○公會晉人鄭良霄宋人曹人于澶淵澶淵衛地近戚○秋宋公殺其世子痤杜預氏云稱君以殺惡其父子相殘害○晉人執衛甯喜○八月壬午許男甯卒于楚○冬楚子蔡侯陳侯伐鄭○葬許靈公

【傳】二十六年附錄春秦伯之弟鍼如晉脩成叔向命召行人子員行人子朱曰朱也當御三云叔向不應子朱怒曰班爵同何以黜朱於朝撫劍從之召子員使荅秦脩成之命御進也言已以次當行三云三次言之黜退也從逐叔向也叔向曰秦晉不和久矣今日之事幸而集晉國賴之不集三軍暴骨子

負道二國之言無私子常易之姦以事君者吾所能御也拂衣從之人救之集成道傳也子謂子朱易變易其言所以不可委御當之而不畏也拂衣褰裳也子朱撫劒將鬭故叔向褰裳以從之救解也褰起虔反道音導御音語平公曰晉其庶乎吾臣之所爭者大庶謂庶幾於治所爭者大言爲國家事非私忿也師曠曰公室懼卑臣不心競而力爭不務德而爭善私欲已侈能無卑乎師樂官曠名即子野也卑卑弱也心競以心相競也力戰謂撫劒拂衣爭善各以所行爲善也私欲侈則公義廢故公室卑○衛獻公使子鮮爲復辭敬姒強命之對曰君無信臣懼不免敬姒曰雖然以吾故也許諾子鮮即母弟鱄復反國也以君無信故辭敬姒子鮮之母不免不免於禍也鮮音仙姒音似初獻公使與甯喜言甯喜曰必子

鮮在不然必敗故公使子鮮子鮮不獲命於敬姒以公命與甯喜言曰苟反政由甯氏祭則寡人喜以子鮮賢必欲使在間不獲命以毋命不獲辭也祭則寡人言已但欲守祭祀而已○愚按甯喜所取信者子鮮也子鮮既知君之無信顧復輒以公命許之異日者喜以專政被殺而子鮮亦自以失信故去之孰非政由甯氏一言所取哉甯喜告蘧伯玉伯玉曰瑗不得聞君之出敢聞其入遂行從近關出瑗于眷反○林堯叟氏曰十四年孫氏欲逐獻公伯玉從近關出今年甯喜欲復獻公伯玉又從近關出其全身遠害如此告右宰穀右宰穀曰不可獲罪於兩君天下誰畜之悼子曰吾受命於先人不可以貳穀曰我請使焉而觀之遂見公於夷儀反曰君淹恤在外十二年矣而無憂色亦無寬言

猶夫人也。若不已，死無日矣。悼子曰：子鮮在。右宰穀曰：子鮮在，何益？多而能亡，於我何為？悼子曰：雖然，弗可以已。右宰名穀，衛大夫。前逐獻公，今又欲弑剽，故云獲罪兩君。畜猶容也。先人謂甯殖，殖臨終之言在二十年。觀之，觀獻公可還返與否。淹，久留也。恤，憂患也。寬，恕也。猶夫人，其為人猶故也。已，止也。言當止其復國之謀。多而能亡，言子鮮為義多，不過能出亡而已。弗可已，以受父遺命也。使，去聲。孫文子在戚，孫嘉聘於齊，孫襄居守。二月庚寅，甯喜、右宰穀伐孫氏，不克，伯國傷。甯子出舍於郊。伯國死，孫氏夜哭。國人召甯子，甯子復攻孫氏，克之。辛卯，殺子叔及大子角。文子即林父，嘉、襄，林父二子。伯國即襄。時孫氏父兄皆不在，故二子乘弱攻之。甯喜欲出奔，故舍止于郊。國人聞襄死，故召甯喜。子叔即衛侯剽。言子叔，剽無謚故也。書曰：甯喜

弒其君剽。言罪之在甯氏也。杜預氏云嫶受父命納舊君無罪故傳發之

○孫林父以戚如晉。書曰入于戚以叛。罪孫氏也。臣之祿。君實有之。義則進。否則奉身而退。專祿以周旋。戮也。專祿以周旋言專據其祿邑出入與之周旋戮之大者此春秋所以書叛杜預氏云林父事剽而衎入義可以退惟以專邑自隨爲罪故傳發之○愚按林父覩逐其君君入又據邑以叛其罪寧專祿周旋巳乎而左氏謂以是戮也則將謂逐君之罪輕於據邑也耶義則進否則奉身而退此亦非所以責逆臣

○甲午。衛侯入。書曰復歸。國納之也。杜預氏云本晉納之夷儀今從夷儀入國嫌若晉所納故發國納之例　大夫逆於竟者。執其手而與之言。道逆者。自車揖之。逆于門者。頷之而巳。竟衛竟上迎之遠故喜而執手與言道比竟爲近故揖之門國門頷點首也門又近于道故僅頷之杜預氏云言衎驕心

易生竟音境公至使讓大叔文子曰寡人淹恤在外二三子皆使寡人朝夕聞衛國之言吾子獨不在寡人古人有言曰非所怨勿怨寡人怨矣對曰臣知罪矣臣不佞不能負羈絏以從扞牧圉臣之罪一也有出者有居者臣不能貳通外內之言以事君臣之罪二也有二罪敢忘其死乃行從近關出公使止之讓責也大叔文子即大叔儀文子有置君不如奕棋之言故衛公聞而怨之羈絏馬絆也扞衛也養牛曰牧養馬曰圉言不能從君以奔也出謂獻公居謂公孫剽杜預氏云傳言衛侯不能安和大臣〔大〕音泰〔羈〕居宜反〔絏〕息列反

○附錄衛人侵戚東鄙孫氏愬於晉侵戚以林父叛故晉戍茅氏殖綽伐茅氏殺晉戍三百人孫蒯追之弗敢擊

文子曰。厲之不如。遂從衛師。敗之圉。雍鉏獲殖綽。復愬于晉。茅氏戚東鄙邑殖綽齊勇士今來在衛蒯林父子厲惡鬼也文子指殖綽爲惡鬼而責其子反不之如從逐也圉衛地雍鉏孫氏臣杜預氏云爲下晉討衛張本○附錄

鄭伯賞入陳之功。三月。甲寅朔。享子展。賜之先路三命之服。先八邑。賜子產次路再命之服。先六邑。子展爲元帥故鄭伯享之先路次路皆王所賜車之揔名盖請之周王者四井爲邑禮遺人以物皆以輕先重後故以路與命服爲邑之先子產辭邑。曰。自上以下。降殺以兩。禮也。臣之位在四。且子展之功也。臣不敢及賞禮。請辭邑。公固予之乃受三邑。公孫揮曰。子產其將知政矣。讓不失禮。以兩以兩爲數也上卿子展次卿子西十一年良霄見經十九年乃立子產爲卿故位在四及與也賞禮以禮

見賞謂六邑也子產位次當受二邑以公固予之故受三邑公孫揮即子羽讓不失禮言孫讓而不失其班次之禮[殺]去聲予上音與 ○晉人爲孫氏故召諸侯將以討衛也。孫林父屢愬伐衛于晉故晉爲孫氏召諸侯將伐之[爲]去聲 ○夏中行穆子來聘。召公也。穆子即荀吳召魯公爲澶淵會 ○愚按平公不能討衛弒君之罪以定宜爲君者而顧始終寘力于孫氏致偏召諸侯謀討衛侯是率天下而使盡叛其君也倒行逆施如此竟以此失諸侯 ○

附錄楚子秦人侵吳。及雩婁。聞吳有備而還。雩婁吳地在今南直隸霍丘縣境 遂侵鄭。五月。至于城麇。鄭皇頡戍之。出與楚師戰。敗。穿封戌囚皇頡。公子圍與之爭之。正於伯州犁。伯州犁曰。請問於囚。乃立囚。伯州犁曰。所爭君子也。其何不知。上其手曰。夫子爲王子圍。寡君之貴介弟也。下其手曰、此子爲穿封戌。方城外之縣尹也。誰獲子。囚曰、頡遇王子。弱焉。戌怒。抽戈逐王子圍弗及。楚人以皇頡歸城麇鄭邑皇頡鄭大夫戌守也穿封戌楚縣尹戌獲皇頡而囚之公子圍共王子靈王也爭之爭因皇頡也正正曲直也伯州犁晉宗伯之子出奔在楚問于囚問是誰獲汝也君子言圍與戌皆非細人也何不知易於別識也上高舉也介大也下下垂也州犁畏王子故上下其手文抑揚其辭以道囚意欲使曲證王子圍獲己以媚權要也弱敗也皇頡已解州犁意故云麇音君頡戸結反戌音恤印菫父與皇頡戌城麇楚人囚之。以獻於秦。鄭人取貨於印氏以請之。子大叔爲令正。以爲請。子産曰、不獲受楚之功而取貨於鄭。不可謂國。秦不其然。若曰、拜君之勤鄭國。微君之惠。楚師其猶在敝邑之城下。其可。弗從。遂行。秦人不予。更幣。從子產而後獲之。堇父鄭大夫亦爲楚人所執請贖之歸也令正辭令之正子產以大叔之辭使秦嬀有貪名傷國體故知其不獲所請若更其辭令曰拜君之勤勞我鄭國若非秦君之惠楚人至今猶未肯退歸如此歸功于秦則堇父可獲於是更遣使者執幣如子產辭而後獲之杜預氏云傳稱子產辭令之善堇音謹○

六月。公會晉趙武。宋向戌。鄭良霄。曹人。于澶淵。以討衛。疆戚田。取衛西鄙懿氏六十。以與孫氏。討衛以兩伐戚故疆正戚之疆界古有懿氏食邑於西地故以名其城六十取田六十井也○愚按林父衛叛臣也晉反爲封殖如此由其諸臣各爲私計羽翼諸侯之大夫使之交起爲亂以爲異日剖分宗國之地而其君不悟良可慨也趙武不書。尊公也。向戌不書。後也。鄭先宋。不失所也。禮卿不會公侯經不書趙武罪武會公侯以尊魯公也經不書向戌罪其後會期也會以國之大小爲序經書鄭先于宋以鄭依期而至不失所也○傳遜氏曰傳以不書趙武爲尊公斷不然也必以爲臣討君而貶武明矣於是衛侯會之。晉人執甯喜北宮遺使女齊以先歸。衛侯如晉。晉人執而囚之於士弱氏遺北宮括之子晉執衛君臣討其伐孫氏而殺晉戍也女齊郎司馬侯士弱晉主獄大夫杜預氏云歸晉而後告故經書在秋○家鉉翁氏曰衛侯可執坐休戈之慝而執之則悖也○秋七月。齊侯鄭伯爲衛侯故如晉。晉侯兼享之。晉侯賦嘉樂。國景子相齊侯賦蓼蕭。子展相鄭伯賦緇衣。叔向命晉侯拜二君曰寡君敢拜齊君之安我先君之宗祧也。敢拜鄭君之不貳也二君如晉爲請衛獻公也嘉樂詩大雅篇義取顯顯令德宜民宜人受祿于天以北二君也景子國弱也蓼蕭詩小雅篇義取蓼彼蕭斯零露湑兮既見君子我心寫兮以諭晉君恩澤及諸侯也子展公孫舍之也緇衣詩鄭風篇義取適子之館兮還予授子之粲兮言已不敢違遠于晉也蓼蕭緇衣二詩旨趣不同故拜二君之辭亦異國子使晏平仲私於叔向曰晉君宣其明德於諸侯恤其患而補其闕正其違而治其煩所以爲盟主也今爲臣執君若之何國子卽國弱私語臣謂林父君謂衛侯叔向告趙文子文子以告晉侯晉侯言衛侯之罪使叔向告二君言衛侯之罪自以殺晉戍三百人不以林父故國子賦轡之柔矣子展賦將仲子兮晉侯乃許歸衛侯轡之柔矣逸詩見周書義取寬政以安諸侯若柔轡之御剛馬也將仲子詩鄭風篇義取人之多言亦可畏也言衛侯雖別有罪而衆人猶謂晉爲臣執君也叔向曰鄭七穆罕氏其後亡者也子展儉而壹鄭穆公十一子子然子能士子禮三族巳亡子羽不

爲卿故惟言七穆謂子展罕氏子西駟氏子産國氏伯有良氏子大叔游氏子石豐氏伯石印氏也子展居身儉而用心壹宜其後亾○愚按世祚修短非細故矣獨繫於一諷詠間耶如曰以觀其志則可○

初宋芮司徒生女子赤而毛弃諸堤下共姬之妾取以入名之曰弃長而美平公入夕共姬與之食公見弃也而視之尤姬納諸御嬖生佐惡而婉大子痤美而狠合左師畏而惡之寺人惠牆伊戾爲大子內師而無寵芮司徒宋大夫共姬宋伯姬也入入宮名弃取見弃之義平公共姬子入夕夕入宮見其母也尤甚也佐即元公惡美以貌言婉狠以心言合左師向戌也惠牆氏伊戾名內師師內官之長○家鉉翁氏曰婉者巧于自結狠者踈於内交佐日以親痤日以踈以至于死故居近君之地者自處爲難秋

楚客聘於晉過宋大子知之請野享之公使往伊戾

請從之。公曰：夫不惡女乎？對曰：小人之事君子也，惡之不敢遠，好之不敢近，敬以待命，敢有貳心乎？縱有共其外，莫共其內，臣請往也。遣之。至則欿，用牲，加書，徵之，而騁告公曰：大子將為亂，既與楚客盟矣。公曰：為我子，又何求？對曰：欲速。公使視之，則信有焉。上已有秋，此復言秋者，以有初字在前，不言秋，嫌楚客過在他年也。知，相知也。夫謂大子為內師，故云共內。公知伊戾無寵，故云惡女。伊戾欲乘楚客搆譖大子，故假美言以從，乃掘地作欿，加書于牲上，詐為盟處，以為大子與楚客謀反之徵。騁，馳也。欲速，欲速得公位也。信有，有盟徵也。[女]音汝。[共]音供。[欿]音坎。問諸夫人與左師，則皆曰：固聞之。公囚大子。大子曰：唯佐也能免我。召而使請，曰：日中不來，吾知死矣。左師聞之，聒而與之語。過期。乃縊而死。佐爲大子。公徐聞其無罪也。乃亨伊戾。夫人即弃大子以佐婉故召使請于公聒讙也左師畏惡大子故多爲言語讙亂佐耳欲使失期【聒】古活反【亨】與烹同○愚按宋平既明知大子素惡伊戾矣而卒遣之從因遽信其讒而殺大子及徐聞大子無罪又僅亨一伊戾而芮弃之寵愛向戌之權任不爲之裦此春秋所以直稱君殺與晉獻殺申生同例

左師見夫人之步馬者。問之。對曰。君夫人氏也。左師曰。誰爲君夫人。余胡弗知。圉人歸。以告夫人。夫人使饋之錦與馬。先之以玉。曰。君之妾弃使某獻。左師改命曰。君夫人。而後再拜稽首受之。步馬習馬也氏猶家也言夫人家之馬也先玉以玉爲錦馬之先改命令使者改之戌以弃非適故始謬爲不知以俟其有獻于已而後特以君夫人尊之使自已出曲以致其謏也杜預氏云傳言宋公闇左師謏大

子所以無罪而死○愚按向戌當時所稱賢臣適○其於大子夫人之間傾危貪肆若此豈得爲賢

附錄 鄭伯歸自晉使子西如晉聘辭曰寡君來煩執事懼不免於戾使夏謝不敏君子曰善事大國子西言寡君來朝煩勞晉之執事自懼失敬于大國而得罪夏子西名善事大國以其能自下也○傳遜氏曰鄭之事晉也過于恭國將不勝矣而文何善之有○

附錄 初楚伍參與蔡大師子朝友其子伍舉與聲子相善也伍舉娶於王子牟王子牟爲申公而亡楚人曰伍舉實送之伍舉奔鄭將遂奔晉聲子將如晉遇之於鄭郊班荊相與食而言復故聲子曰子行也吾必復子伍子即子胥祖父椒舉也聲子子朝之子二父相友故伍舉聲子亦相善王子牟爲申縣公有罪出奔班布故事也謂布荊坐地共議歸楚之事復子召

子以歸也及宋向戌將平晉楚聲子通使於晉還如楚令尹子木與之語問晉故焉且曰晉大夫與楚孰賢對曰晉卿不如楚其大夫則賢皆卿材也如杞梓皮革自楚往也雖楚有材晉實用之子木曰夫獨無族姻乎對曰雖有而用楚材實多平晉楚在明年蔡本楚黨晉楚將平故蔡遣聲子爲國通平事于晉子木屈建也杞梓羙木與皮革皆楚產而晉用之喻楚亡臣多用于晉夫謂晉使去聲歸生聞之善爲國者賞不僭而刑不濫賞僭則懼及淫人刑濫則懼及善人若不幸而過寧僭無濫與其失善寧其利淫無善人則國從之詩曰人之云亡邦國殄瘁無善人之謂也故夏書曰與其殺不辜寧

失不經懼失善也商頌有之曰不僭不濫不敢怠皇命于下國封建厥福此湯所以獲天福也歸生即聲子從之言亡也詩大雅瞻仰篇殄盡瘁病也言國內善人喪亡則邦國盡皆困瘁引之以明刑濫及善人之禍夏書今虞書大禹謨篇不經不用常法也言罪疑者與其殺非當罪寧全之而自受失刑之責引之以明寧僭無濫懼失善人也詩商頌殷武篇封大也言成湯賞不僭而刑不濫不敢怠惰以自皇暇故爲下國推命以爲天子而大建其厥福引之以明賞不僭刑不濫然後可居天位也古之治民者勸賞而畏刑恤民不倦賞以春夏刑以秋冬是以將賞爲之加膳加膳則飫賜此以知其勸賞也將刑爲之不舉不舉則徹樂此以知其畏刑也夙興夜寐朝夕臨政此以知其恤民也三者禮之大節也有禮無敗

勸賞樂行賞也畏刑憚用刑也春夏生長故賞秋冬肅殺故刑飫饜也酒食賜下無不厭足以加膳故也不舉不舉盛饌也〔爲〕去聲〔朝〕如字今楚多淫刑。其大夫逃死於四方。而爲之謀主。以害楚國。不可救療。所謂不能也。療治也言楚多淫刑妨賢害國以成不可治療之疾此吾所謂楚人不能用其材也〔療〕力召反子儀之亂。析公奔晉。晉人寘諸戎車之殿。以爲謀主。繞角之役。晉將遁矣。析公曰。楚師輕窕。易震蕩也。若多鼓鈞聲。以夜軍之。楚師必遁。晉人從之。楚師宵潰。晉遂侵蔡。襲沈。獲其君。敗申息之師于桑隧。獲申麗而還。鄭於是不敢南面。楚失華夏。則析公之爲也。子儀之亂在文十四年析公子儀黨懼而奔晉殿後車也成六年晉欒書救鄭與楚師遇于繞角震動蕩散也鈞同其聲也晉復侵楚敗申息獲申麗在成八年此析公爲晉謀以害楚者如此〔殿〕多練反〔麗〕挑同〔易〕去聲〔麗〕音厘雍子之父兄譖雍子君與大夫不善是也雍子奔晉晉人與之鄐以爲謀主彭城之役晉楚遇於靡角之谷晉將遁矣雍子發命於軍曰歸老幼反孤疾二人役歸一人簡兵蒐乘秣馬蓐食師陳焚次明日將戰行歸者而逸楚囚楚師宵潰晉降彭城而歸諸宋以魚石歸楚失東夷子辛死之則雍子之爲也雍子事無所考不善是不是其曲直也鄐晉邑楚納宋魚石等於彭城在成十八年靡角宋地反亦歸也簡擇蒐閱也蓐食食於寢蓐也次舍也焚次舍示必死也歸者即前老幼等行使行也逸囚使聞之也晉圍彭城在襄元年東夷楚東小國見楚弱而叛楚殺令尹子辛在五年此雍子爲晉謀以害楚者如此子反與子靈

爭夏姬而雍害其事，子靈奔晉，晉人與之邢，以為謀主，扞禦北狄，通吳於晉，教吳叛楚，教之乘車射御驅侵，使其子狐庸為吳行人焉。吳於是伐巢、取駕、克棘、入州來，楚罷於奔命，至今為患，則子靈之為也。子靈，巫臣也。雍、擁同。子反、子靈爭夏姬在成二年。邢，晉邑。巫臣通吳於晉在成七年。巢、駕、棘、州來，俱楚邑。子重、子反一歲七奔命，故云罷。此巫臣為晉謀以害楚者如此。若敖之亂，伯賁之子賁皇奔晉，晉人與之苗，以為謀主。鄢陵之役，楚晨壓晉軍而陳，晉將遁矣。苗賁皇曰：楚師之良，在其中軍王族而已，若塞井夷竈，成陳以當之，欒、范易行以誘之，中行、二郤必克二穆，吾乃四萃於其王族，必大敗之。晉人從之。楚師大敗。王夷師熸。子反死之。鄭叛吳興。楚失諸侯。則苗賁皇之爲也。若敖之亂在宣四年伯賁即越椒前傳作伯棼苗晉邑鄢陵之役在成十六年良精也王族王親兵也夷平也當之當楚之中軍也時欒書將中軍范燮佐之易行謂簡易兵備誘令楚人貪已使不復顧二穆之兵郤錡將上軍中行偃佐之郤至佐新軍令其分精兵以攻二穆之兵楚子重子辛皆出穆王故云二穆四萃四面集攻之夷兵傷也熸火滅也吳興吳自此興也此賁皇爲晉謀以害楚者如此賁音墳熸子潛反○唐順之氏曰四子者其去樂毅之不肯伐燕何遠乎

子木曰。是皆然矣。聲子曰。今又有甚於此。椒舉娶於申。公子牟。子牟得戾而亡。君大夫謂椒舉。女實遣之。懼而奔鄭。引領南望曰。庶幾赦余。亦弗圖也。今在晉矣。晉人將與之縣。以比叔向。彼若謀害楚國。豈不

爲患。子木懼言諸王。盍其祿爵而復之。聲子使椒鳴逆之。此指上四人椒舉即伍舉矣罪也弗圖不可以爲意也鳴椒舉之子往頴氏云傳言聲子有辭伍舉所以得反子孫復仕于楚 ○ 許靈公如楚。請伐鄭。曰。師不興。孤不歸矣。八月。卒于楚。楚子曰。不伐鄭。何以求諸侯。十六年晉伐許諸國皆大夫獨鄭伯自往故許請伐鄭以報之因卒于楚求諸侯欲與霸業也冬十月。楚子伐鄭。鄭人將禦之。子產曰。晉楚將平。諸侯將和。楚王是故昧於一來。不如使逞而歸。乃易成也。夫小人之性。釁於勇。嗇於禍。以足其性。而求名焉者。非國家之利也。若何從之。子展說。不禦寇。昧猶貪冒也逞快也言楚以諸侯將和之故貪冒於一來不如使楚快志伐鄭而歸乃易與之成釁動也嗇吝惜也言鄭人欲與楚戰者皆動于一時之勇不顧後日之禍以厭足其性而求其名非能爲國家慮也（說音悅）十二月乙酉入南里墮其城涉於樂氏門于師之梁縣門發獲九人焉涉於汜而歸而後葬許靈公南里鄭邑樂氏鄭津名師之梁鄭城門縣門所以禦攻門者既伐鄭而後葬靈公所以卒靈公之志也（縣音玄汜音凡）○汪克寬氏曰是時晉平昏庸大夫專恣霸業怠矣楚是以知晉之不在諸侯而復爲陵駕之舉也鄭雖未服於是明年晉楚爲成而諸侯皆朝楚矣○附錄衛人歸衛姬于晉乃釋衛侯君子是以知平公之失政也重衛姬而輕齊鄭之請○附錄晉韓宣子聘于周王使請事對曰晉士起將歸時事於宰旅無他事矣王聞之曰韓氏其昌阜於晉乎辭不失舊請事問以何事來聘起宣子名禮諸侯大夫入天子國稱士時事四時貢職之事宰旅周冢宰之下士不敢斥

尊故云將於宇旅阜大也舊故典典也言士匄起歸將事不失故典也杜預氏云傳言周衰諸侯不能如禮惟起不失舊○附錄齊人城郟之歲其夏齊烏餘以廩丘奔晉。襲衛羊角取之。遂襲我高魚。有大雨自其竇入。介于其庫。以登其城。克而取之。又取邑于宋。於是范宣子卒。諸侯弗能治也。及趙文子為政。乃卒治之。城郟在二十四年烏餘齊大夫廩丘齊邑今山東范縣有廩丘羊角衛邑高魚魯邑竇城下水道因水故開之而得入介因也就甲于高魚之庫以登城而取之終治烏餘之罪竇音豆文子言於晉侯曰。晉為盟主。諸侯或相侵也。則討而使歸其地。今烏餘之邑。皆討類也。而貪之。是無以為盟主也。請歸之。公曰。諾。孰可使也。對曰。胥梁帶能無用師。晉侯使往。言烏餘之地皆取於齊魯宋衛之邑此類皆宜見討而貪其地以利晉國是晉之德不足以爲諸侯之盟主也請討之而以其地歸於諸侯胥梁晉大夫能無用師言有權謀能不用兵甲而治烏餘之事

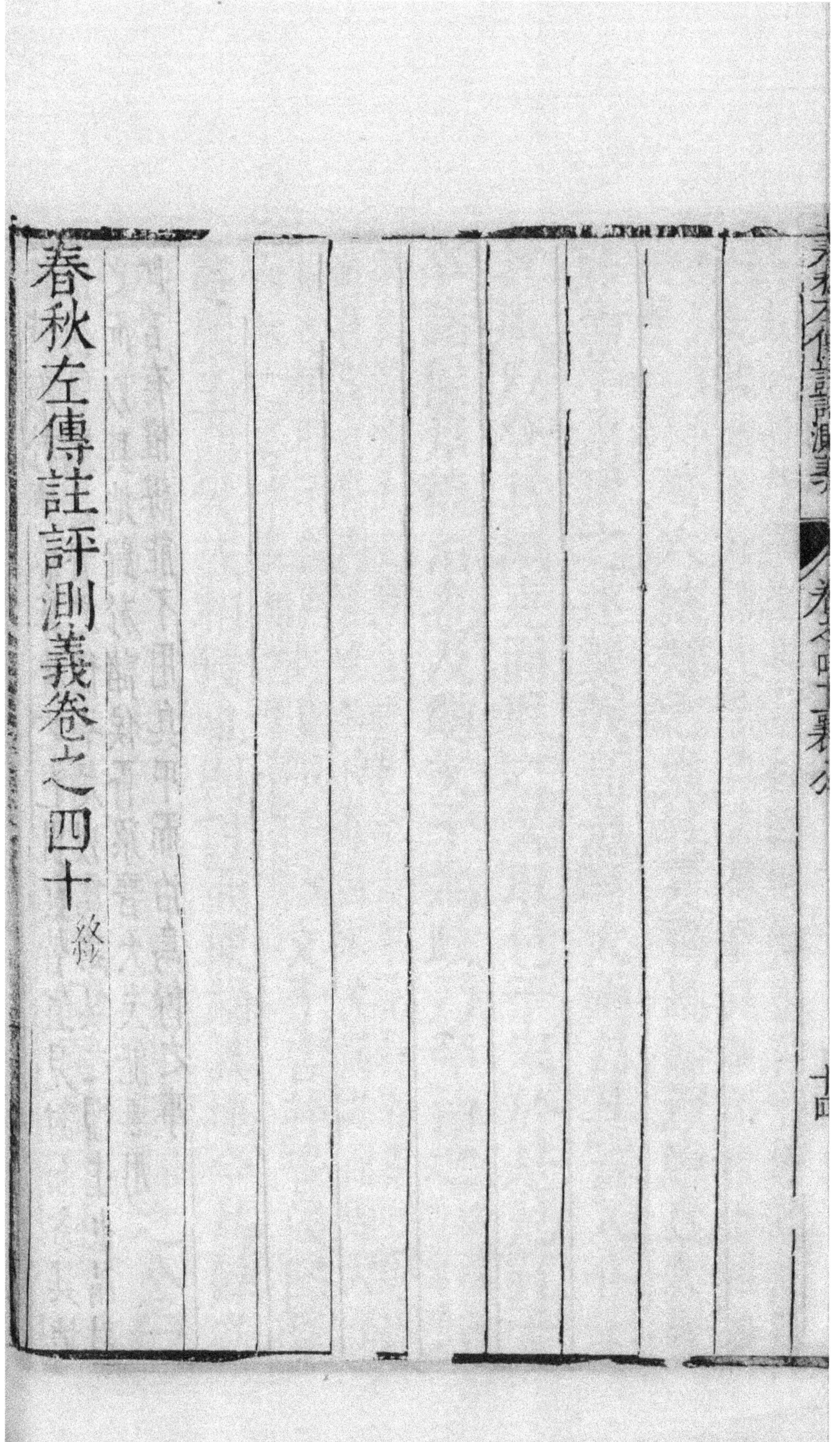
春秋左傳註評測義卷之四十 終

春秋左傳註評測義卷之四十一

明吳興後學凌稚隆輯著

襄公十

[經]乙卯二十有七年。春。齊侯使慶封來聘。○夏。叔孫豹會晉趙武。楚屈建。蔡公孫歸生。衛石惡。陳孔奐。鄭良霄。許人。曹人。于宋。通嗣君也。傳稱向戌會十四國。經惟序九人者。齊秦不交相見。邾滕為私屬。皆不與會。宋為地主。與盟不待序也。杜預氏云。陳於晉會嘗在衛上。孔奐非上卿。故在石惡下。[奐]呼亂反。○林堯叟氏曰。以諸侯分為晉楚之從而交相見於是始。則南北二霸天下之大變也。於湨梁而無君臣之分。於宋而無夷夏之辨。昭哀定之春秋。將以終于吳越焉爾矣。○衛殺其大夫甯喜。大夫見殺書名。罪之也。喜之殺雖以專政。而弑剽之罪宜追討之。故經以國討為文。杜預氏云

書在宋會下從赴 ○ 衛侯之弟鱄出奔晉。衛侯既負甯喜之信不能友于賢弟至使出奔故書弟罪兄也鱄音專 ○ 秋七月辛巳豹及諸侯之大夫盟于宋。卽夏會之大夫○李廉氏曰春秋兩書宋爲地主以首禍罪宋也 ○ 冬十有二月乙亥朔日有食之。

傳 二十七年附錄 春胥梁帶使諸喪邑者具車徒以受地必周使烏餘具車徒以受封烏餘以其衆出使諸侯僞效烏餘之封者而遂執之盡獲之皆取其邑而歸諸侯諸侯是以睦於晉。胥梁帶前年受命治烏餘故使齊胥魯宋衛諸喪邑者各具備車馬徒衆以受先所失之地周密也必以密來勿以受地爲名恐烏餘知而有備乃詐使四國僞若致邑以封之者效致也遂執之盡獲其徒衆也杜預氏云傳言趙文子賢故平公雖失政而諸侯猶睦聲[聘]去 ○齊慶封來聘。其車美。孟孫謂叔孫曰。慶季之車。不亦美乎。叔孫曰。豹聞之。服美不稱。必以惡終。美車何爲。季慶封字[稱]去聲 叔孫與慶封食。不敬。爲賦相鼠。亦不知也。相鼠詩鄘風篇義取相鼠有皮人而無儀人而無儀不死何爲慶封不敬叔孫爲賦相鼠譏之慶封亦不知爲譏已言其闇甚杜預氏云爲明年慶封來奔傳[稱]尺證反[爲]相俱去聲 ○衛甯喜專。公患之。公孫免餘請殺之。公曰。微甯子不及此。吾與之言矣。事未可知。祇成惡名。止也。對曰。臣殺之。君勿與知。乃與公孫無地公孫臣謀。使攻甯氏。弗克。皆死。公曰。臣也無罪。父子死余矣。甯喜既納獻公遂專國政公孫免餘衛大夫不及此言不得反國也與之言謂政由甯氏祭則寡人之言事未可知恐伐之未必勝也公孫無地公孫臣皆衛大夫公出亾時臣父爲孫氏所殺故云父子死余　夏免餘復攻甯氏殺甯喜及右宰穀尸諸朝石惡將會宋之盟受命而出衣其尸枕之股而哭之欲歛以亾懼不免且曰受命矣乃行右宰穀石惡皆喜之黨亾出奔也行謂會于宋杜預氏云爲明年石惡奔傳衣枕歛俱去聲○愚按喜弑剽可討也而獻因之以入不可殺也雖然喜能用衆以弑剽矣子鮮賢且善喜也獻寧不自危乎此其所以殺喜也昔里克殺奚齊而立夷吾夷吾殺之曰難爲子君其意亦猶獻云子鮮曰逐我者出納我者死賞罰無章何以沮勸君失其信而國無刑不亦難乎且鱄實使之遂出奔晉章明沮止也言孫林父逐君宜死乃出奔而得生甯喜納君有功乃被殺戮而死賞罰不明何以止惡而勸善君失信謂獻公失政由甯氏之信國無刑謂衛國無討孫林父子之刑鱄子鮮名使使甯喜納君也

公使止之。不可。及河，又使止之。止使者而盟於河，託於木門，不鄉衛國而坐。木門大夫勸之仕，不可，曰：「仕而廢其事，罪也；從之，昭吾所以出也。將誰愬乎？吾不可以立於人之朝矣。」終身不仕。公䘮之如稅服終身。

盟河，誓不還也。託，寄也。木門，晉地。昭，明也。子鮮言已若仕而不治其事，則無功而食，罪也；若曲從于人以爲治，則明已以欲仕而出，無所自愬。䘮，䘮服也。禮，聞喪而追服謂之稅服。獻公痛愍其弟，特爲此服，故云如。獻公尋薨，故云終身。○范甯氏曰：獻公背盟而殺忠於已者，是惡而難親也。鱄懼禍將及，見幾而作，不俟終日。鱄之去衛，其心合于春秋。

公與免餘邑六十，辭曰：「唯卿備百邑，臣六十矣。下有上祿，亂也，臣弗敢聞。且甯子唯多邑，故死，臣懼死之速及也。」公固與之，受其半。以爲少師公使爲卿辭曰大叔儀不貳能贊大事君其命之乃使文子爲卿司馬法成方十里出革車一乘此邑六十者一乘之邑非四井之邑也下上以佐言贊佐也文子卽叔儀○宋向戌善於趙文子又善於令尹子木欲弭諸侯之兵以爲名如晉告趙孟趙孟謀於諸大夫韓宣子曰兵民之殘也財用之蠹小國之大菑也將或弭之雖曰不可必將許之弗許楚將許之以召諸侯則我失爲盟主矣晉人許之如楚楚亦許之如齊齊人難之陳文子曰晉楚許之我焉得已且人曰弭兵而我弗許則固攜吾民矣將焉用之齊人許之告於秦秦亦許之皆告於小國爲會于宋向戌素有

賢稱進善二國之相故欲晉楚交讙息諸侯之兵以爲名高時雖知其不可而以其事美咸從之攜攜貳也【音】音奚

五月。甲辰。晉趙武至於宋。丙午。鄭良霄至。六月丁未朔。宋人享趙文子。叔向爲介。司馬置折俎。禮也。仲尼使舉是禮也。以爲多文辭。介相也折俎體解節折升之於俎也周禮司馬掌會同之事故置折俎舉謂記錄之時趙武叔向向戌皆賢大夫以弭兵爲事故會時文辭多美仲尼見其事善其言使弟子舉是禮而傳述其意以爲此享多文辭

戊申。叔孫豹齊慶封陳須無衛石惡至。甲寅。晉荀盈從趙武至。丙辰。邾悼公至。壬戌。楚公子黑肱先至。成言於晉。丁卯。宋向戌如陳。從子木成言於楚。戊辰。滕成公至。須無陳文子也時趙武命盈追己故云從楚令尹子木止陳故遣黑肱先至與晉大夫成盟載之言晉趙武亦不去遣向戌就

於陳成楚之要言滕邾俱小國故君自來子木謂向戌請晉楚之從交相
見也。庚午。向戌復於趙孟。趙孟曰。晉楚齊秦匹也。晉
之不能於齊。猶楚之不能於秦也。楚君若能使秦君
辱於敝邑。寡君敢不固請於齊。壬申。左師復言於子
木。子木使馹謁諸王。王曰。釋齊秦。他國請相見也。交相
見使諸侯從晉楚者更相朝見不能不能服而使之也請齊請齊使朝楚也馹傳車也謁告也他國從晉
從楚之國杜預氏云經所以不書齊秦傳陟戀反　秋七月戊寅。左師至。是夜
也。趙孟及子晳盟。以齊言。庚辰。子木至自陳。陳孔奐
蔡公孫歸生至。曹許之大夫皆至。以藩爲軍。晉楚各
處其偏。左師如陳而還子晳即黑肱趙孟恐二國成言臨盟復辨故預盟以齊之以藩爲軍不築

營壘示不相忌也晉在藩之北楚在藩之南故云各處其偏伯夙謂趙孟曰楚氛甚惡懼難趙孟曰吾左還入於宋若我何伯夙即欒盈氛氣也言楚有襲晉之氣時晉營在東有難可左還入宋東門氛芳云反難去聲○辛巳將盟於宋西門之外楚人衷甲伯州犂曰合諸侯之師以爲不信無乃不可乎夫諸侯望信於楚是以來服若不信是棄其所以服諸侯也固請釋甲子木曰晉楚無信久矣事利而已苟得志焉焉用有信楚人穿甲在衣中欲因襲晉州犂晉伯宗子利猶濟也大宰退告人曰令尹將死矣不及三年求逞志而棄信志將逞乎志以發言言以出信信以立志參以定之信亡何以及三大宰伯州犂也逞快也志將逞言不

得快其志也志言信三者具而後身可安信亾則三者俱廢故不及三年必亾歿杜預氏云爲明年子木歿趄本

趙孟患楚衷甲。以告叔向。叔向曰。何害也。匹夫一爲不信。猶不可。單斃其歿。若合諸侯之卿。以爲不信。必不捷矣。食言者不病。非子之患也。夫以信召人。而以僭濟之。必莫之與也。安能害我。且吾因宋以守病。則夫能致歿。雖倍楚可也。子何懼焉。又不及是。曰弭兵以召諸侯。而稱兵以害我。吾庸多矣。非所患也。單盡

斃踣也言不信之人無得生者捷勝也病猶患也楚人食言尚不自以爲患晉非食言者又何患焉僭不信也濟成也夫謂宋言晉因宋爲弭兵而特之以坐致此病則宋宜爲之致歿且宋爲地主雖倍楚猶不能勝晉稱舉也庸猶功也晉獨爲諸侯所信故云庸多一云庸用也諸侯皆爲我用也單音丹夫如字

季武子使謂叔孫以公命曰。視邾滕。既而齊人請邾。宋人請滕。皆不與盟。叔孫曰。邾滕人之私也。我列國也。何故視之。宋衛吾匹也。乃盟。故不書其族。言違命也。季孫自慮兩事晉楚則貢賦重故欲自比於小國恐叔孫不從假以君命就宋告之邾與滕爲齊宋私屬故皆不與盟私即屬也叔孫雖內知非公而其辭稱公即須從順以顯弱命之君而乃辨其小是以從已心故經不書其族以貶之言其違君之命也與音預○愚按人臣出疆利有社稷即非君命亦得行權矧季孫以公之命乎而左氏謂其違命故經不書族則矯命以命者顧無罪歟或曰惡與楚盟而舉與諸國之大夫不序以示貶理或有之

晉楚爭先。晉人曰。晉固爲諸侯盟主。未有先晉者也。楚人曰。子言晉楚匹也。若晉常先。是楚弱也。且晉楚狎主諸侯之盟也久矣。豈專在晉。

先先歃血也子謂趙文子狎更也　叔向謂趙孟曰。諸侯歸晉之德只。非歸其尸盟也。子務德。無爭先。且諸侯盟。小國固必有尸盟者。楚爲晉細。不亦可乎。乃先楚人。盟法大國制其言小國尸其事只語辭尸主也小國主辨具即哀十七年小國執牛耳之類而此云尸盟者蓋叔向欲令趙孟下楚假此以勸之爾楚爲晉細言楚欲尸盟自同於小國任晉之細事也只上聲○汪克寬氏曰說者稱宋弭兵蓋是時晉楚皆怠於出師是以偶有六七年之安靖然楚人衷甲苟非伯州犁之言則趙孟爲宋襄之執矣况魯帥師而取鄆晉帥師而敗狄兵亦未嘗戢也楚圍既讀舊書未幾篡國大合諸侯伐吳滅賴安在其能弭兵也哉　書先晉。晉有信也。○愚按先夏而後夷春秋書法固然奚論夫歃之先後哉左氏謂書先晉晉有信也則趙孟偷而懼楚并爲之下夫子豈以信與之　壬午宋公兼享晉楚之大夫。趙孟爲客。子木與之言。弗能對。

使叔向侍言焉。子木亦不能對也。宋公以在其國兼享二國之相一座所尊曰客乙酉。宋公及諸侯之大夫盟于蒙門之外。蒙門宋城門前盟諸大夫不敢敵宋公公故讓而重盟重盟故不書子木問於趙孟曰。范武子之德何如。對曰。夫子之家事治。言於晉國無隱情。其祝史陳信於鬼神無愧辭。子木歸以語王。王曰。尚矣哉。能歆神人。宜其光輔五君以爲盟主也。子木又語王曰。宜晉之伯也。有叔向以佐其卿。楚無以當之。不可與爭。士會賢聞於諸侯故子木問之夫子謂范武子身修家齊故事無不治所行之事皆可告人故情無所隱見其忠於民也陳布也祝史布其誠信於鬼神德足以副之故辭無所愧見其信於神也尚上歆享也言能使神享其祭人懷其德也五君文襄靈成景也晉荀盈遂如楚涖盟。重結晉楚之好鄭伯享趙孟于垂隴。子展、伯有、子西、子產、子大叔、二子石從。趙孟曰：七子從君，以寵武也。請皆賦以卒君貺，武亦以觀七子之志。趙文子自宋還過鄭故鄭伯享之印段字子石穆公子舒之孫公孫段字子石穆公子豐之子從從鄭君也武文子名卒終也武請賦詩以終鄭君之賜亦以觀七子之志〔向〕〔從〕去聲

子展賦草蟲。趙孟曰：善哉，民之主也。抑武也不足以當之。草蟲詩召南篇義取未見君子憂心忡忡亦既見止亦既覯止我心則降以比趙武子爲君子趙武以在上位而心降下可以爲民之主然不敢當君子之名

伯有賦鶉之賁賁。趙孟曰：牀笫之言不踰閾，況在野乎？非使人之所得聞也。鶉之賁賁詩鄘風篇衛人刺其君鶉鵲之不若義取人之無良我以爲君笫簀也閾門限也使人趙孟自謂也〔鶉〕順偏反〔賁〕音奔〔閾〕域〔使〕去聲

子西賦

黍苗之四章。趙孟曰。寡君在。武何能焉。黍苗詩小雅篇其四章云肅肅謝功召伯營之烈烈征師召伯成之以比趙孟于召伯也召伯諸侯之事故推其君而不敢當

子產賦隰桑。趙孟曰。武請受其卒章隰桑詩小雅篇義取既見君子其樂如何其卒章云心乎愛矣遐不謂矣中心藏之何日忘之孟欲子產見規故受之

子大叔賦野有蔓草。趙孟曰。吾子之惠也。野有蔓草詩鄭風篇取其邂逅相遇適我願兮大叔喜於相遇故趙武受其惠

印段賦蟋蟀。趙孟曰。善哉保家之主也。吾有望矣。蟋蟀詩唐風篇義取無巳太康職思其居好樂無荒良士瞿瞿言趙孟樂而不淫也趙武以印段戒懼不荒能保祿位故云有望

公孫段賦桑扈。趙孟曰。匪交匪敖。福將焉往。若保是言也。欲辭福祿得乎。桑扈詩小雅篇義取君子樂胥受天之祜比趙孟有祿位也交交際也敖敖慢也其卒章云彼交匪敖萬福來

同故猶孟因以取義敖音傲卒享。文子告叔向曰。伯有將爲戮矣。詩以言志。志誣其上。而公怨之。以爲賓榮。其能久乎。幸而後亾。叔向曰。然。已侈。所謂不及五稔者。夫子之謂矣鄭伯未有無良而伯有誣之顯然歌之于衆爲榮寵於賓叔向因策其必速亾或云公指鄭伯非也稔年熟也杜預氏云爲三十年鄭殺良霄傳文子曰。其餘皆數世之主也。子展其後亾者也。在上不忘降。印氏其次也。樂而不荒。樂以安民。不淫以使之。後亾。不亦可乎餘謂六子子展賦草蟲詩我心則降故云在上位不忘降段賦蟋蟀詩好樂無荒故云樂而不荒安民與民同也猜印段言不淫不淫從其欲也猜展氏言樂音洛宋左師請賞。曰。請免死之邑。公與之邑六十。以示子罕。向戌自以弭兵之謀不當則罪合死今幸成功得免死欲求加賞故譏言免死之邑六十六十井也示示以賞書子罕曰凡諸侯小國晉楚所以兵威之畏而後上下慈和慈和而後能安靖其國家以事大國所以存也無威則驕驕則亂生亂生必滅所以亡也天生五材民並用之廢一不可誰能去兵兵之設久矣所以威不軌而昭文德也聖人以興亂人以廢廢興存亡昏明之術皆兵之由也而子求去之不亦誣乎以誣道蔽諸侯罪莫大焉縱無大討而又求賞無厭之甚也削而投之言凡諸侯小國惟以晉楚兵威為可畏是以其君民慈愛而和順而國家賴以安靖以聽大國之政此小國所以存也若無兵威則驕縱而不慈和必將亂而不安靖以滅其國此小國所以亡也五材金木水火土也兵居其一故不可去

不軌不遵軌法也聖人謂湯武亂人謂桀紂削削其賞書亘(厭)平聲　左師辭邑。向氏欲攻司城。左師曰。我將亾。夫子存我。德莫大焉。又可攻乎。司城子罕也向戌謂我以罔功受賞有取亾之道今子罕責以義而削其賞是存我也　君子曰。彼己之子。邦之司直。樂喜之謂乎。何以恤我。我其收之。向戌之謂乎。詩鄭風羔裘篇彼己之子猶言此子也司主也樂喜卽子罕傳言子罕能主直道不阿向戌又逸詩云何以憂我而相規儆乎我則收取之以爲藥石傳言向戌能善子罕相規之言周頌惟天篇作假以溢我(已)音記○附錄

齊崔杼生成及彊而寡。娶東郭姜。生明。東郭姜以孤入。曰棠无咎。與東郭偃相崔氏。崔成有疾而廢之。而立明。成請老于崔。崔子許之。偃與无咎弗予。曰。崔。宗邑也。必在宗主。成與彊怒。

將殺之。偏喪曰寡寡特也東郭姜棠公之寡妻无咎棠公之孤東郭偃姜之弟崔杼以姜故愛明故乘成有疾廢而立之崔邑名宗邑宗廟所在宗主謂崔明(相)息亮反告慶封曰夫子之身亦子所知也唯无咎與偃是從父兄莫得進矣大恐害夫子。敢以告。夫子謂崔杼身身事也慶封曰子姑退吾圖之告盧蒲嫳盧蒲嫳曰彼君之讎也天或者將弃彼矣彼實家亂子何病焉崔之薄慶之厚也嫳慶封屬大夫彼謂崔杼君謂齊莊公崔敗則慶專權故云崔薄慶厚(嫳)普結反他日又告慶封曰苟利夫子必去之難吾助女他日成彊復告慶封(難)去聲(女)音汝九月庚辰崔成崔彊殺東郭偃棠无咎於崔氏之朝崔子怒而出其衆皆逃求人使駕不得使圉人駕寺人御而出。且曰。崔氏有福。止余猶可。遂見慶封。圉人養馬寺人宦士杼恐臧家罪不止其身故云止余猶可慶封曰。崔慶一也。是何敢然。請爲子討之。使盧蒲嫳帥甲以攻崔氏。崔氏堞其宮而守之。弗克。使國人助之。遂滅崔氏。殺成與彊。而盡俘其家。其妻縊。嫳復命於崔子。且御而歸之。至則無歸矣。乃縊。崔明夜辟諸大墓。辛巳。崔明來奔。慶封當國。一如一家也堞短墻使其衆居短垣以守妻即東郭姜御嫳爲崔子御也妻亦家滅故無所歸辟開也開先人之塚以藏杼尸○附錄楚薳罷如晉涖盟。晉侯享之。將出。賦既醉。叔向曰。薳氏之有後於楚國也。宜哉。承君命不忘敏。子蕩將知政矣。敏以事君。必能養民。政其焉往。

罷卽令尹子蕩既醉詩大雅篇詩云既醉以德既飽以德君子萬年介爾景福以比晉侯下君子也敏謂臨事之敏焉往言必歸之也○附錄

崔氏之亂申鮮虞來奔僕賃於野以喪莊公冬楚人召之遂如楚為右尹。崔氏之亂在二十五年貧而無資故僕賃於野為齊莊公服喪楚人義之故召為右尹杜預氏云傳言楚能用賢○傳遜氏曰春秋諸國惟楚英賢最多而為令尹執國政者皆其公族少有債事旋卽誅夷所以强大累世而威權畧無下移固其君之强明亦其傳國用人之制獨善也

○十一月乙亥朔日有食之辰在申司歷過也再失閏矣。辰在申謂斗建指申過善也周十一月今之九月斗當建戌而在申故知再失閏○啖助氏曰經言十二月傳言十一月依經當云三閏月不可得而考

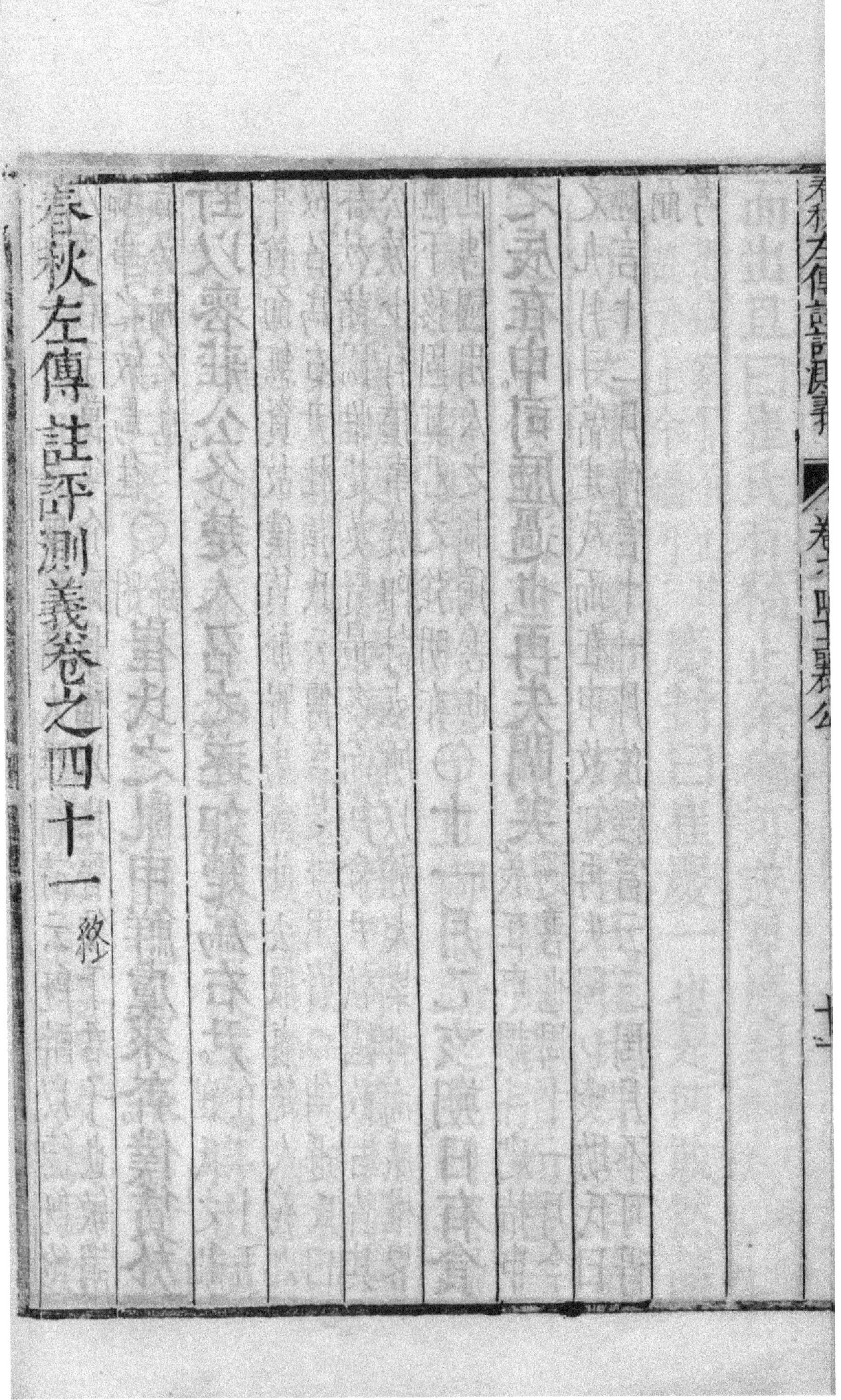

春秋左傳註評測義卷之四十一終